高校体育教学
及课程体系改革研究

许德凯　陆克珠◎著

中国戏剧出版社
CHINA THEATRE PRESS

图书在版编目（CIP）数据

高校体育教学及课程体系改革研究 / 许德凯, 陆克珠著. -- 北京：中国戏剧出版社, 2023.12
ISBN 978-7-104-05451-1

Ⅰ.①高… Ⅱ.①许… ②陆… Ⅲ.①体育教学—教学研究—高等学校 Ⅳ.① G807.4

中国国家版本馆 CIP 数据核字（2023）第 238150 号

高校体育教学及课程体系改革研究

责任编辑：赵宇欣
责任印制：冯志强

出版发行：	中国戏剧出版社
出 版 人：	樊国宾
地　　址：	北京市西城区天宁寺前街 2 号国家音乐产业基地 L 座
邮　　编：	100055
网　　址：	www.theatrebook.cn
电　　话：	010-63385980（总编室）　　010-63381560（发行部）
传　　真：	010-63381560

读者服务：010-63381560
邮购地址：北京市西城区天宁寺前街 2 号国家音乐产业基地 L 座

印　　刷：	北京九州迅驰传媒文化有限公司
开　　本：	710mm×1000mm　1/16
印　　张：	15
字　　数：	220 千字
版　　次：	2023 年 12 月　北京第 1 版第 1 次印刷
书　　号：	ISBN 978-7-104-05451-1
定　　价：	90.00 元

版权专有，违者必究；如有质量问题，请与出版社联系调换。

前　言

体育教学历史悠久，古已有之。随着人类社会的发展，体育教学经历了不断充实、完善的过程。在发展的过程中，现代体育教学逐渐发展成科学的教学、全面的教学，培养德、智、体、美、劳全面发展人才的教学。如今，体育教学越来越受到人们的重视，在社会中发挥着越来越重要的作用。高等体育教育学作为一门新兴的学科，无论是在理论指导思想上，还是在研究过程的方法体系上，都清晰地表现出其学科建设的特点。中国当前的高校体育教学体制以教育思想为准绳，也正随着教育思想的变化而做出相应的变革，教学内容、教学方法以及教学评价等正在不断发生变化。

在新课程改革的推进下，中国的体育教育得到了迅速发展，高校教师的教学观念发生了深刻变化。中国高校体育教学的改革，已经成为迫在眉睫的一项重要教育改革任务。我们必须树立正确的教育改革观念以及全面的育人观念，并用"学有所用"的教育理念论述这一教学改革的合理性、科学性，用实践检验出改革传统体育教学的必要性，解决高校体育教学面临的现实问题，提高学生的创造性思维。本书从高校体育教学理论出发，对高校体育教学的内容、方法、模式等进行分析，并阐述了高校大学生体育训练、高校体育课程体系构建和高校体育与健康课程的教学评价和策略改革，最后对俱乐部体育教学模式做了具体分析。本书可为高校体育教育工作者提供参考。

在写作本书的过程中，我们查阅和引用了网络、图书以及期刊等相关资料，因涉及内容较多，在这里不一一注明引用出处。谨向本书所引用资料的作者表示诚挚的感谢。此外，本书在写作过程中，得到了相关专家和同行的支持与帮助，在此一并致谢。由于水平有限，书中难免出现纰漏，恳请广大读者指正！

目　　录

第一章　高校体育教学基础 ……………………………………………… 1
第一节　高校体育教学的概念与性质 ………………………… 1
第二节　高校体育教学的结构与原理 ………………………… 4
第三节　高校体育教学的特点及功能 ………………………… 10
第四节　高校体育教学的原则与目标 ………………………… 21

第二章　高校体育教学理念和模式 ……………………………………… 35
第一节　高校体育教学理念 …………………………………… 35
第二节　高校体育教学模式 …………………………………… 50
第三节　高校体育网络教学模式 ……………………………… 72

第三章　高校体育教学内容和方法 ……………………………………… 83
第一节　高校体育教学内容 …………………………………… 83
第二节　高校体育教学方法 …………………………………… 105

第四章　高校大学生体育训练 …………………………………………… 118
第一节　大学生体育训练模式 ………………………………… 118
第二节　大学生体育教学训练方法路径 ……………………… 131

第五章　高校体育课程体系的构建 ……………………………………… 146
第一节　体育课程与课程改革以及课程的资源开发与利用 … 146
第二节　高校体育课程目标分析 ……………………………… 157
第三节　高校体育课程设置和课程的学习与评价 …………… 166

第六章 高校体育与健康课程的教学评价和策略改革……173
第一节 高校体育与健康课程的教学评价改革……173
第二节 高校体育与健康课程的教学策略改革……186

第七章 俱乐部体育教学模式在高校体育教学中的应用……211
第一节 体育教学俱乐部理论……211
第二节 体育拓展俱乐部的构建与运行模式……216

参考文献……234

第一章 高校体育教学基础

第一节 高校体育教学的概念与性质

一、体育教学的概念

体育教学的上位概念是教学,它指的是"以课程内容为中介的师生双方教与学的共同活动"[①],特点是通过各学科系统知识、技能的传授与掌握,促进学生身心发展。教学的上位概念是课程,课程的概念比教学大,教学是指各学科领域内(如语文、数学、物理、英语、体育等)的师生双边活动,范围较小,更为具体化。

因此,体育教学具有明显的学科教学特征,是教与学的双边活动,是体育课程的下位概念,与它位于同一层次的概念有物理教学、数学教学、语文教学等。体育教学是各学科教学的一部分,它首先应该属于教学,教学活动是体育教学的属概念,是体育教学的第一本位。教育与教学是两个不同的概念,教学具有学科的性质,是按课程内容实施的教与学的双边活动,把体育教学归为教育范畴未免远离了教学学科的性质。如按其本位顺序排列,体育教学的本位有教学→学校教育→教育→社会活动。

二、体育教学的性质

(一)体育教学的研究对象和范围

体育教学论是体育教育学的一个分支学科,它是研究体育教学过程规律及应用的学科。由于体育教学论尚处于构建与发展之中,对其研究的范围意见并

---

① 刘忠鑫、朱伟强:《论体育学科的大概念教学》,《体育学刊》,2021年第5期,第70–76页。

不统一。结合体育教学，综观教学论所讨论和研究的范围，体育教学论的研究范围如下。

第一，论述与分析体育教学目标的问题，阐明学校体育教学的目的与任务。

第二，论述体育教材内容、教学大纲的体系和结构，及其发展变化的情况。

第三，探讨体育教学过程的本质和规律，提高对体育教学过程本质和规律的认识。

第四，研究体育教学原则，掌握体育教学工作的基本原理及发展身体、增强体质和教育学生的规律。

第五，探讨国内外体育教学方法的改革与实验，同时研究学生学习方法和能力的培养方法，探索学生自学、自练、自控的规律，研究教法与学法的结构及其内在的联系性与协调性。

第六，探讨发展学生的身体素质，提高学生的基本活动能力，探索"三基"教学的规律。

第七，研究体育理论知识教学的原理与方法，提高体育理论知识教学质量。

第八，研究体育教学评估及体育课评估的规律和方法。

第九，研究当前国内外体育教学论的发展趋势。

(二) 体育教学论的理论基础

马克思列宁主义、毛泽东思想是无产阶级的思想理论基础，体育教学论与其他科学一样，只有在马列主义和毛泽东思想的指导下，才能形成一门思想性、理论性、实践性较强的学科。马列主义和毛泽东思想不仅为体育教学论的形成和发展提供了世界观和方法论的指导，还对体育教育中的一些最根本的理论与实际问题进行了理论的解释和科学的说明，为体育教学论的建立奠定了理论基础。同时，在中国革命和建设的各个历史时期，党和政府有关学校体育所提出的方针、政策、决议和指示等，对体育教学论的建设，特别对创建具有中国特色的体育教学论具有重要的指导作用。

当代科学技术的发展趋势是向微观领域深化和向宏观领域扩展,有人称为"既高度分化,又高度综合"[①]。因此,要建立科学的体育教学论,人们还必须不断运用教育学、教学论、运动生理学、体育心理学、体育保健、系统科学和学校管理学等各学科的新成果,不断充实与完善体育教学论,这样才能保持其科学性及先进性。特别是体育教学论同教育学和教学论有着直接的特殊联系,教育学和教学论所要研究的问题是教育和教学的一般规律,而体育教育学和体育教学论是揭示体育教育和教学的特殊规律。因此,作为教育学和教学论的一部分,体育教学和体育教学论往往随其变化而变化。

(三)体育教学的性质分析

性质是决定事物本身与其他事物最根本的区别,不同的事物性质也有所不同。体育教学与其他学科教学的最根本区别就在于它本身所具有的体育性质。这种体育性质使其具有以下特征。

第一,体育教学实践活动的场地一般在户外,但在现代教育条件下,室内的体育教学场所也比较常见。

第二,体育教学中,师生都要承受一定的运动负荷与心理负荷。

第三,体育教学过程是身体活动与思维活动的结合,还包括比较频繁的人际交往。

第四,体育教学侧重于发展学生身体的时空感觉以及运动智力。

第五,体育教学更加关注学生的自我操作与体验等。

在体育教学中,体育运动技能是教学的主要内容和形式,学生获得体育技能是通过反复的身体练习来实现的。对于运动技能的传授,是体育教学与其他学科教学的主要区别之一。

在体育教学中,练习体育运动技能是学生提高身体素质、完成技术动作的一种方法。学生全面掌握体育运动技能,需要经过认知、联系、完善等几个教

[①] 孙海煜:《"互联网+"时代下计算机科学技术发展趋势》,《石河子科技》,2022年第2期,第40-41页。

学阶段才能实现。具体来说，在体育运动技能的认知阶段，学生与体育运动技能之间的联系最为密切，该阶段教学的主要目的就是学生对所学技能的结构、要素、关系、力量、速度等要素进行表象化的认识。从这一角度来看，运动技术不具有人的特性，只是一种操作性知识。

综上所述，体育教学的性质主要表现在它是一种针对运动技术和知识的教学。在体育教学中，学生学会了运动知识并将之转化为运动技能。同时，学生在获得操作性知识的过程中，技能、认知、情感与社会适应性也得到了提高。

第二节 高校体育教学的结构与原理

一、高校体育教学的结构

高校体育教学的结构是实现高校体育目的的关键环节。根据《学校体育工作条例》《全国普通高等学校体育课程教学指导纲要》《教育部关于进一步加强高等学校体育工作的意见》的要求，中国高校将逐步推行"完全学分制"。高校体育教学内容的主要结构有体育课程教学、课外体育活动、课余体育竞赛和课余体育训练活动。随着高校体育教育的不断改革和发展，体育课程的结构也在不断更新和完善。

（一）体育课程教学

体育课程是高校体育工作的重要组成部分，在培养学生养成良好体育习惯的过程中发挥着重要作用。体育基础知识、基础技能的掌握，体育兴趣的培养，体育态度的形成以及体育观念的树立，都是通过体育课程教学来实现的。体育课程是高校教学计划中规定的必修课程，它既是高校体育教育工作的中心环节，又是实现高校体育教育目标的基础和基本途径。体育课程教学分为体育理论课和体育实践课两部分。

1. 体育理论课

体育理论课是根据教学计划，在室内讲授体育与卫生保健等基础理论知识的课程。根据实际需要，有的理论课安排在学期开始讲授，有的安排在重大体育活动日前讲授。根据体育理论教材，教师要按照教学计划和课时进度，系统地向学生传授体育科学知识和体育实践方法，加强学生对体育的理性认识和对体育文化内涵的深刻理解，使学生形成体育锻炼的意识，树立终身体育锻炼的思想。

2. 体育实践课

体育实践课教学是以身体练习为基本手段，以教师为主导、学生为主体专门开设的体育教学课程，是高校实现体育教育目标的基本组织形式。目前，中国高校提倡采用"三自主"的教学模式开展大学体育课程教学活动。所谓"三自主"，就是学生可以自由选择上课时间、自由选择上课内容、自由选择上课教师。这对学生来说选择范围更加广泛，更有利于发挥他们参与体育活动的主观能动性。

（二）课外体育活动

课外体育活动是高校体育课的有益补充，是体育教育体系在时间和空间上的延伸和扩展，是高校体育课程的有机组成部分。由于时间有限，体育课之余大力开展课外体育活动无疑是培养学生体育习惯的重要途径。

课外体育活动主要有以下几种形式。

1. 早操

早操即清晨体育活动，是大学生合理作息制度的重要组成部分。它的形式主要根据个人的兴趣爱好来选择，每天应坚持20—30分钟的晨练，一般选择散步、健身跑、广播操、武术、太极拳等内容，运动量不宜过大，以免影响学习。学生坚持做早操，不仅是锻炼个人意志、养成良好生活习惯、促进身心健康的有效措施，而且是每天学习前的一项准备活动。组织早操活动对于校风、学风建设以及校园精神文明建设也有重要意义。

2. 班级体育锻炼

班级体育锻炼是学生结束一天的课程学习之后进行的有目的、有计划、有组织，以教学班为单位，分组、分项且地点固定的组织活动，以篮球、足球、羽毛球、排球、乒乓球等集体项目为宜。班级体育锻炼可以增强学生体质，促进健康，陶冶情操，拓宽视野，培养集体主义精神。

3. 体育节

体育节是在课外集中一段时间组织全校学生进行的体育活动。体育节时间比较灵活，可用一周或几天，有目的、有计划地组织这一活动。体育节活动内容应该丰富多彩，符合大学生的兴趣爱好，既要生动活泼、富有趣味，又要兼顾知识性和教育性。在举办体育节前，教师要做好充分的准备和宣传工作，调动全体学生的积极性，在相对集中的一段时间内为校园创造一种体育活动的热烈气氛。这对吸引更多大学生自觉参与体育活动有良好的促进作用，也有利于丰富校园文化生活。

4. 体育协会或体育运动俱乐部活动

体育协会或体育运动俱乐部是大学生根据自己的兴趣爱好，自主选择、自愿参加的课外体育组织。它是贯彻实施全民健身计划的重要组织形式，职能是宣传、发动、组织、指导所属成员参与课外体育锻炼，协助学校体育行政部门和学生会体育部开展群众性体育活动及组织单项训练和竞赛，提高学生的运动技术水平。它的主要特征是将体育作为开展活动的一项内容，把个体的自觉自愿纳入协会或俱乐部相对固定的计划安排内，实行自主自律、自我管理、自我发展的管理方式，通过定期的集体活动提高体育协会或体育俱乐部的凝聚力。

（三）体育竞赛

竞争是体育竞赛的基本特征。体育竞赛既可以培养学生的竞赛意识，又符合学生的竞争心理需求，是推动学校群众性体育活动开展的有效组织形式，能起到宣传、教育和鼓励的作用。通过运动竞赛这一形式，教师不仅可以检查自身的体育教学和训练情况，总结和交流经验，还可以选拔体育人才。

在高等学校，运动竞赛分为校内和校外两大类，经常采用的形式有以下几种。

1. 学校运动会

高等学校常在春季或秋季举行田径运动会。它的特点是项目多、规模大，能够较为全面地检查学校田径运动开展情况，进一步推动该项运动的普及和水平提高。

2. 传统项目比赛

各校根据自身实际情况，设置一项或几项传统项目，如篮球、排球、越野跑、乒乓球、拔河、跳绳等，并要求学生积极参加锻炼和训练，定期举行比赛。

3. 对抗赛

对抗赛是不同班级、院系或学校联合组织的比赛，目的在于互相学习，互相促进，交流经验，共同提高。它的特点是规模较小，便于在业余时间进行。

4. 友谊赛

友谊赛与对抗赛基本相同，只是在对象、水平、规则等方面不像对抗赛那样要求严格。

5. 测试赛

测试赛是为了达到一定的体育锻炼标准或者了解运动员进步情况而组织的比赛。

6. 选拔赛

选拔赛是为了组织某项体育活动的运动队而进行的选拔队员的比赛。它可以单独组织，也可以结合其他比赛选拔。

7. 表演赛

表演赛是为了宣传体育运动的意义和扩大影响，或者对要开展的项目做示范性介绍而举行的比赛，如武术、艺术体操、广播体操等。表演赛可以单独组织，也可以在运动会中附带进行。

（四）课余体育训练活动

课余体育训练是在群众性体育活动普及的基础上，对部分热爱体育运动、身体素质好又有专项运动特长的学生进行的系统的体育训练过程，是贯彻与提高相结合的一项重要措施。

1. 高水平运动队

高等院校办高水平运动队是中国多层次、多渠道培养优秀运动员人才梯队建设的战略措施，旨在为中国培养更多的高水平运动员。各高等院校根据学校实际情况，致力于探索与创新高水平运动队的招生、学制及训练与管理，为竞技体育人才输送和增加国际交流积极创造条件，使课余体育训练逐步走向科学化和系统化。运动队训练的目的是提高竞技运动水平，这既可以通过参加不同层次的比赛为学校争得荣誉，又可以为学校培养体育骨干，以指导和推动群众性体育活动的开展。

2. 学校代表队

学校代表队主要是代表学校参加校级或上级组织的比赛，项目设置一般根据学校传统运动项目和上级比赛的竞赛规程来决定，队数和每队人数均比兴趣训练队少。学校代表队一般由运动技术水平较高、学习成绩合格、思想素质较好的学生组成。

3. 兴趣运动训练队

只要身体素质好、有专项特长、兴趣浓厚、本人自愿，经过批准就可以参加兴趣运动训练队。项目设置一般根据学校的师资、场地设备、传统运动项目等条件来决定。训练的目的可以是为了参加校级或上级组织的比赛，也可以不为任何比赛，而仅仅为了增强体质，提高运动技术水平。这种训练队常以单项协会或俱乐部的形式完成训练任务。在这种基础训练队中，可以产生以班队、年级队、系队、校队为形式的优秀人才。

二、高校体育教学的原理

（一）体育运动认知规律

体育运动的认知体系具有独特性。在体育教学过程中，教师一定要遵循体育运动的认知规律。体育教学中，运动认知大致经历以下三个阶段。

首先，发展感性认知，奠定必要的感性基础。

其次，在感性认知的基础上进行理性概括，从而促进理性认知的形成。

最后，在体育运动实践中，科学灵活地对理性认知加以应用。

具体而言，体育运动认知体系是一种"身体—动觉智力"。通过体育教学，学生进行物体识别、自我认识、控制体育运动相关因素（时空、高度、距离、重量、平衡等）的能力不断提高。在体育活动中，它表现为学生能对体育事件做出恰当的身体反应，具有控制身体运动、操纵物体的能力，身体与大脑能够协调工作。对此，体育教师在体育教学中应重视培养学生感知时空的能力，提高学生对方向进行正确判别的能力，培养学生从方向、速度以及重量等方面感知器械的能力，以此促进学生运动认知能力的不断提高。

（二）体育运动技能形成规律

让学生充分掌握运动技能是体育教学的主要任务之一，而学生掌握运动技能需要经历一个必要的发展过程，这个发展过程的大致趋势就是不会→会、不熟练→熟练、不巩固→巩固。换言之，就是要经历一个泛化→分化→自动化的变化过程。掌握与形成动作技能的过程和阶段划分没有十分精确的标准，但就动作技能的结构而言，体育教学中，教师依然要严格遵循体育运动技能的形成规律。

（三）体验运动乐趣规律

在体育教学中，主要教学目的之一就是要注重培养学生的体育爱好与专项能力。这一目的的实现有一个前提条件，即让学生在体育运动中主动体验到乐趣。体育运动乐趣的体验能够使学生对运动技能进行积极的学习与掌握，从而提高自己的体育技能。因此，体育教学要严格遵循体验运动乐趣这一规律。学生在学习与掌握运动技能的过程中，要经历如下体验乐趣的过程。

首先，学生以自身已有的技能水平为基础进行新技能的学习，在学习新技能中体验新的乐趣。

其次，学生为掌握新的运动技能需要付出一定的努力，需要不断挑战自我，在挑战自我中体验到乐趣与成就感。

最后，学生掌握新的运动技能后，需要充分发挥自身的聪明才智与主观能动性来对技能进行创新，在创新中体验、探索与感受新鲜的乐趣。

第三节 高校体育教学的特点及功能

学校体育是教育的重要组成部分。在教学过程中，加强学校体育教学工作，帮助教师认识体育教学在学校教育中的位置和作用，是推进体育基础教育改革的重要内容。这是因为，学校体育在实现素质教育、提高国民体质方面具有不可替代的作用。学校体育的主要任务是增强学生体质，促进学生身体及其机能的正常发展。体育专业的学生和教师要想更准确地掌握体育学科的相关知识，优化体育教学过程，首先应该清楚地了解体育教学的特点，以实现体育教学的科学化。

一、高校体育教学的特点

（一）体育健身的系统性

体育教学的对象是学生，体育教学效果要在学生身上体现出来。学生具有很强的可塑性，体育教学的每一个构思和步骤都将直接影响学生身心成长。一个好的教学效果在学生身上的体现，不仅是外在肌肉的力量和肌肉线条的流畅、骨骼的完善发育、内脏器官的健康，也包括整体的匀称、协调发展，并且是按照生长发育的先后有序而全面地发展。

体育教学内外合一的健身系统性，体现了身体发育的有序性和全面性。

1. 有序性

有序性表现在学生身体形态发育的"序"和身体主要器官发育的"序"上。

（1）身体形态发育的"序"与体育教学

身体形态指体格、体型和身体姿势。不同的年龄阶段，形态指标具有明显特征。人的身体形态生长发育顺序是头部优先，上身次之，下肢在后。所以，婴儿的体型是头大，上身长，下肢短。但到第二次突增期后，便后来居上，下肢迅速发育，其次是躯干，头部发育则不明显。到成人时，头长了一倍，躯干长了两倍，上肢长了三倍，下肢长了四倍。

在身体形态发育过程中，骨骼的发育快于肌肉，所以表现为人体各长度指标（身高、上下肢长、手长、足长等）的增长领先于围度（胸围、臀围等）或宽度指标。随着学生年龄的增长，体型也不断发生变化。

从学生身体形态发育的年龄特征出发，体育教学中的"有序"表现在以下方面：学生快速发育期间，应加强合理的运动锻炼，增强对骨骼的血液供应，促进骨骼的快速增长。此外，通过肌肉的剧烈活动，肌体可获得更多的氧气和营养，从而促进肌肉增长。在第二次生长发育期间，脊柱增长加快，而体重增加较慢，肌肉的支撑力较弱，很容易出现脊柱异常现象。这个时期一定要注意培养学生正确的坐、立、走、跑等身体姿势，加强胸、腰、腹部肌肉锻炼，使之适应脊柱骨增长的速度，促进身体形态的正常发育。同时，由于下肢骨增长较快，下肢在身高中的比例加大，应侧重学生跑、跳、踢等运动能力的发展。

（2）身体主要器官系统发育的"序"与体育教学

①神经系统。青少年神经系统的发育有如下特点：神经的兴奋与抑制过程不均衡，兴奋占优势且容易扩散，表现为活泼好动，注意力不集中；第二信号系统的发育远远落后于第一信号系统，表现为抽象思维能力不强；青春期由于性腺活动加强，性神经系统的稳定性受到影响，表现为青春期掌握动作的协调能力下降；神经细胞的工作能力较低，神经过程的强度小，代谢旺盛，表现为易疲劳，但恢复也较快。

②骨骼肌肉系统。骨骼肌肉系统又称运动系统。骨骼的发育一般在20—25岁完成，肌肉的发育要到30岁左右才完成。青少年学生的运动系统有如下特点：学生骨骼发育主要表现为长骨的快速生长，骨的成分中水分较多，有机物和骨松质较多，骨的硬度小，韧性大，韧带薄而松弛，伸长性较好，坚固性较差；肌肉的增长主要表现为长度的增加，肌纤维细长，故肌肉力量和耐力不高；大肌肉群发展快而早，小肌肉群相对晚些；到性成熟阶段，身体各部位宽

度指标增长加快，骨骼的粗硬程度和肌肉力量明显提高。

③心血管系统。心血管系统是人体发育最晚的系统。学生心血管系统的特点如下：心脏发育不如骨骼肌快，心肌纤维细，心收缩力较弱，心率快，但血管壁弹性好，对心脏射血有较大的缓冲作用；大血管和毛细血管口径相对大些，血液外周阻力小，收缩压低；植物性神经对心脏调节功能不完善。

教师在安排体育教学负荷时，学生的运动强度不宜过大，运动密度则应稍大一些，但运动强度要随学生年龄的增加而增大。在大学体育教学中，除应多安排不同负荷的各种练习以发展大肌肉群力量外，还应同时安排发展小肌肉群的各种练习。

2. 全面性

体育教学是增强学生体质、提高其健康水平的过程，不仅具有使学生精力充沛、顺利完成各项学习任务的近期效益，而且具有奠定学生终身体质基础、延年益寿和提高民族素质的长期效益。故体育教学中的全面性体现在以提高健康水平为目标，使学生身体各个部位、各种运动能力、身体素质及生理机能都得到均衡、对称、协调的发展，克服对局部肌肉力量、筋骨强壮和意志磨炼的片面追求，避免对人体局部机能的强化和单项运动能力的强求。在生物学指标（遗传因素）、医学指标和生理指标的监督下，教师应尊重学生的先天条件、兴趣爱好和性格特征，因人施教，促进学生全面发展。

（二）教学环境的开放性

教学环境是指开展体育教学活动所需要的硬件和软件。在体育教学中，良好的体育教学环境具有非常重要的影响。如果缺少良好的体育教学环境，那么整个体育教学质量就会受到较大的影响，甚至会对体育教学的顺利开展产生非常严重的影响。[1]

目前，我国体育教学以体育实践课为主，体育教学实践活动多在室外进行，体育教师组织的大多数体育课主要在学校操场进行。与其他学科主要是在

---

[1] 陈玉容：《高校体育教学环境的优化路径探究》，《当代体育科技》，2023年第6期，第51-54页。

封闭的教室、实验室等地方开展教学活动不同,体育教学的空间富有变化性,环境更加开放。体育教学环境的开放性决定了体育教学具有不同于室内教学的特殊要求。在室外开展教学活动,应注意以下几点。

第一,由于体育课多在操场进行,受到的干扰因素较多,如天气、地形、周边设施与噪声等,因而体育教学的组织管理工作会比较复杂,需要教师精心设计与统筹安排教学的组织形式、教学步骤与方法。

第二,室外的体育教学是动态的,学生大部分时间处在不断变化与形式多样的运动中,而且班级内学生较多,因此教师可采取分组教学。

第三,在体育教学中,考虑到一些学校的体育基础设施条件不强,体育教师应进一步增强对学生安全教育的重视程度。

(三)教学内容的情感性

体育教学的内容非常丰富。通过体育教学内容的学习,学生普遍可以从中体会到源自体育的丰富情感。学生丰富的情感体验主要表现在以下几个方面。

第一,体育具有美育价值。在体育教学过程中,师生可以体会到只有体育才能赋予人的人体美和运动美。一方面,学生可以在体育教学中掌握体育健身的方法和技能,达到运动塑身的效果,使身体外在形态保持优美的线条和良好的身材比例;另一方面,通过练习不同运动项目,学生可以认识到人体不同的动作展现,感受美,提高审美能力。既然有美的存在,那么就要有欣赏美的人和能够欣赏美、懂得如何欣赏美的能力。动作美和肌肉的动态美只有在运动中才能看到,它们是极为外显的美。

第二,学生可以通过参与体育活动陶冶情操,平衡心态。例如,教师要教育学生在关键时刻始终保持冷静的心态,或是在胜利时表现出谦虚的态度等。

第三,体育教学能使学生真正领悟体育精神。每一项运动都向人们表现出不同的美的特点和审美特征。如球类运动可以表现个人对球类技术的掌握能力,集体球类项目中除了展示个人能力外,还包含与队友之间的协作和互助精神。这些内容都是人类积累下来的丰富的体育内涵,体育教学则能促进学生感受体育的精神美,掌握体育的精髓。

第四，体育教学是一种创造性的社会活动，其创造的成果就是让学生获得内在的顿悟和精神上的启迪。体育教学也有利于学生与学生、教师与学生之间的沟通，提高学生的社会适应能力和应变能力。

（四）教学过程的直观性

体育教学过程拥有直观性特点。这种直观性主要体现在讲解、示范和教学组织管理三个方面。

首先，教师的教学内容讲解具有直观性的特点。体育教学中，体育教师的讲解不仅要达到对其他学科教师的讲解要求，还要求其语言更加生动，并且富有一定的肢体表现能力，以使学生产生一个形象、贴切、有趣的感觉。尤其是在某些拥有较难技术动作的体育运动教学中，教师不仅要对体育教学重点进行详细描述，还要用生动形象的语言把复杂的技术动作进行简单化的讲解，以便于学生理解。

其次，教师对体育动作技能的示范具有直观性的特点。体育教学过程中，每一个体育项目的教学都涉及技术动作或战术配合。为了加深学生的理解和认识，教师有必要进行动作示范和实践演示。在运用示范法时，教师需要做出非常直观形象的动作示范，包括正确动作的演示和错误动作的演示，且不能有任何的艺术加工和变形，这样才会使学生从感官上直接感知动作的正确与否，以利于他们建立正确的、清晰的运动表象。学生建立正确的运动表象后，应再配合教师的讲解，使之与思维相结合，以更好地掌握体育知识、体育技术和技能，进而促进身体素质的改善，提高运动水平。

最后，教师对体育教学的组织与管理具有直观性的特点。体育教学中，教师与学生接触更多，关系更融洽，对学生的组织与管理也带有直观性。如更加富有责任心、更具有活力，这对学生的身心也是一种无形的教育，有助于教师对学生的观察与帮助。另外，把控教学过程也能为学生创造轻松的教学环境，使学生在教学中表现出自己最为真实的一面。这有利于体育教师获得正确的教学反馈，并及时修正。

（五）教学条件的制约性

体育教学内容丰富，涉及要素较多，使体育教学受到很多客观条件的制约，这是体育教学的重要特点之一。体育教学活动受到的制约主要有学生运动基础，学生其他基本情况（年龄、性别、生理和心理特点），体育教学场地条件、器材、气候等。这些因素都会影响体育教学质量。具体来说，主要表现在以下两个方面。

首先，就教学主体而言，学生作为体育教学过程中体育知识与技能传授的受众，与学生有关的诸多情况会对体育教学本身造成一些影响。因此，体育教学要想顺利进行并获得良好的教学效果，就要注重依据学生的运动基础和体质等实际情况因人施教。比如，根据男生与女生不同的身体形态、机能水平、运动能力等，学校体育教育部门和体育教师在进行教学设计、教材选择和教学组织时要考虑周全，否则就会影响教学目标的达成和教学效果的实现。

其次，就教学环境而言，体育教学环境是体育教学的重要载体，其质量会对体育教学产生较大影响。例如，体育教学活动多在户外开展，可能会面临空气污染或邻近马路带来的噪声污染等问题，这势必会影响体育教学主体在教学活动中的状态与情绪；天气对于室外体育教学的影响也是不能忽视的，这点在早年间十分明显，如遇到雨、雪、大风等恶劣天气时，体育教学就会被迫停止，转而来到室内进行一些体育理论课的教学，这势必会影响体育实践课的教学计划。

总之，体育教学受多种教学条件的制约。要想顺利开展体育教学，摆脱不利于体育教学的各种条件因素的影响，从学年的体育教学计划到具体课时计划，从教材内容选择到教学组织方法实施，体育教师都必须考虑某些客观情况与影响因素，结合教学实际，科学地选择教学的内容、方法和组织形式，尽量将制约因素的影响降到最低。

（六）人际关系的多边性

体育教学过程是教师与学生、学生与学生进行互动的过程，这种互动过程在人际交往中占据重要位置。现代体育教学的组织形式主要在单人、双人、小群体以及全班之间不断转换，要求学生在不同的时空内完成不同的身体运动，不断地变换角色地位，彼此之间建立多种联系。因此，在体育教学中，师生之间、学生之间、小群体之间具有频繁且形式多样的人际交往关系。

针对体育教学中人际关系的多边性特点，体育教师可以运用多种方式与学生交流和沟通，并引导学生相互配合、鼓励与评判，教会学生在体育课堂上初步体会社会交往，培养学生的合作意识，提高其人际交往能力。

（七）身体活动的常态性

体育教学中，学生需要不断重复学习体育运动技能，这也决定了学生在体育教学活动中要经常进行身体活动，即体育教学具有身体活动的常态性特点。体育课堂教学中，教师与学生的身体操练非常频繁，这种近乎常态化的特点已成为体育教学非常显著的特点。

一般性（主要是指文化类学科）的教学，多在教室（实验室、多功能厅）进行，且要保持相对安静，这样才能激发学生的思维并产生较好的学习效果。和这些学科相比，体育刚好相反，它的教学地点多为户外或专用运动场馆，普遍较为宽阔，而且在多数运动技术练习环节并不需要刻意保持安静，学生之间、学生与教师之间可以随时交流和沟通，学习运动技术。

体育教学中，教师会要求学生掌握基本的运动技能，充满了对身体活动的要求，这是体育教学与其他学科教学的最大不同之处。因此，体育教学中，几乎所有内容都涉及身体活动，或者是为即将到来的身体活动做准备。不仅学生要进行一定的运动，教师在做示范、做指导和参与组队教学赛中也需要付出不少体力。可见，体育教学中身体活动常态性的特点不仅针对学生，同时也针对教师。

二、高校体育教学的功能

随着教育理念的转变以及教学的改革，素质教育已经成为当今时代教育的重要指导思想。体育教学在这种新的教学观念的影响下，更加明确了它作为开展健康教育的一种手段，已经被赋予了更多新的内涵和功能。素质教育提倡的健康教育，不仅仅是指身体上的健康与没有疾病，同时还强调对学生心理健康的教育和对社会适应能力的培养。

素质教育最重要的内容之一就是培养学生发现问题、解决问题的能力，在反复实践中，逐渐培养学生努力实现自身价值的意识。在此教学目的的引导下，健康教育已然成为素质教育的手段和具体体现。无论是在体育教学中开展的小组教学，还是以游戏形式进行的体育教学，都能在实践中培养学生独立思考、团结合作、人际交往和适应环境的能力。

体育教学的功能主要体现在健身、健心、健美、育人等方面。下面就这几方面的功能展开具体的研究与分析。

（一）健身功能

在体育教学中，学生必然要通过身体练习来参与体育锻炼，这就要求学生在练习中承受一定的运动负荷。这种负荷会在不同程度上刺激与影响学生的肌体，练习内容、练习持续与间歇时间、练习量、学生的体质等因素也会影响运动负荷对学生肌体产生刺激的程度。例如，在田径运动教学中，学生进行短跑练习能够提高自身的肌肉素质，参加长跑能够增强自身的心肺功能。然而，学生需要掌握一定的度，也就是需要合理安排负荷量。如果学生进行超负荷的身体练习，不仅不会达到健身的效果，反而会对肌体造成损害。

健身功能的发挥也与学生的体质有一定的关系。如果学生的体质较好，就可以安排他参与较大运动强度的练习；如果学生的体质较弱，仍安排他参加与体质较好学生同样强度的练习，就会损害他的身体健康。因此，教师要充分发挥体育教学的健身功能，遵循体育教学的基本规律，使学生达到良好的健身效果。

（二）健心功能

体育教学不仅有利于学生的身体健康，还有利于学生的心理健康。这主要体现在以下几个方面。

1. 保持良好心情

学生在参加体育运动技能训练时，要遵循一定的节奏规律，上下肢协调配合，使身体的各个部位全部参与其中，这样才能完成规范动作的练习。学生全身部位参与体育活动，有利于缓解肌肉紧张。有规律地训练节奏，还能够使学生舒缓神经、缓和情绪，从而享受体育运动带来的乐趣。在体育锻炼过程中，学生全身肌肉基本处于放松状态，其精神也随着身体的放松而不断放松。因此，体育运动锻炼不仅能够使学生缓解精神压力而获得有效的休息，而且能够使其保持良好的心情。

2. 缓解紧张情绪

学生在日常学习中会承受不同程度的压力，各种各样的压力使他们的精神总是处于低落与紧张的状态。学生可以在课余时间选择自己喜欢的环境进行体育运动锻炼，这样有利于获得轻松愉快的心情。通过参加校园体育运动，学生的紧张情绪可以得到调节，从而产生愉快的感觉，使自身神经系统保持兴奋的健康状态，轻松地投入学习中。

3. 防止心理疾病

随着现代社会的不断发展，人们的生活质量得到了较大的改善和提高，但社会竞争压力也越来越大。这一客观实际势必会对人们的生理健康造成消极的影响。而且，人在巨大的压力下也更容易产生心理疾病。对于学生而言，其主要压力来自学习。一些学生在学习过程中更容易因为无法正确处理一些问题而出现心理疾病。

在生理上，心理疾病主要表现为没有食欲，体质不断下降，有睡觉的欲望但总会失眠；在精神上，心理疾病主要表现为情绪低落，精神不振，没有自信，心情郁闷，经常处于急躁状态等。这些心理疾病会影响学生的正常学习与生活。参加体育运动，能够帮助学生有效预防上述心理疾病的发生。进行体育锻炼后，学生往往会觉得身心轻松、心情愉悦，具有饱满的精神。这有利于防止学生心理疾病的发生，从而使学生的心理保持健康、积极的状态。

（三）健美功能

健康形体的塑造，离不开健康这一基本条件。健康不仅指没有疾病，它还包括多个方面，如正常发育、身材匀称、五官端正、有光泽的肌肤和健壮的肌肉等。人类社会特有的审美观能够通过这些健康的内涵充分体现。每个学生都希望拥有健美的好身材,然而,受到先天遗传因素和后天诸多方面因素的影响,达成这一目标还有一定的难度。大量实践证明,经常参加体育锻炼能够从不同程度促进学生身体不同部位的发育与生长。在体育教学中,学生身体需要的能量很多,身体内脂肪在氧化分解反应后产生的能量是身体所需热量的主要来源。因此,学生有规律地参加体育运动,能够拥有比他人更加完美的身体线条,从而表现出优美的体型、姿势和动作。

(四)育人功能

1. 德育

体育教学活动常常需要集体的共同参与才能开展。根据体育运动或游戏的规则,运动竞赛或游戏要想顺利进行,就必须依靠参与者自觉遵守既定规则。因此,体育运动顺利进行的前提是遵纪守则,运动取胜的关键要靠集体的团结配合。体育教学与比赛可以培养学生良好的遵纪守则的习惯。学生要想在比赛中取胜,就必须认识到团结互助、协调合作、发挥集体力量的重要性。在体育练习或比赛(游戏)中,学生还要懂得关心同学,尊重对手,尊重裁判,自觉遵守体育课堂秩序。此外,系统的体育教学对陶冶学生良好情操、塑造学生完美人格同样具有重要的作用。

2. 智育

学生积极参与体育课堂教学活动及课外活动,能够大幅度地促进自身智力水平的提高。这主要体现在以下三个方面。

(1)增强神经系统功能

第一,学生在体育学习过程中不可避免地会参与体育运动。通过参与体育运动,学生神经系统的功能将会增强,其大脑的兴奋和抑制过程会变得比以前更集中,能够迅速对一些刺激做出准确的反应。这就在一定程度上促进了智力水平的提高。第二,与左脑相比,右脑在信息容量、形象思维能力以及记忆容量等方面都比较优越。学生积极投身体育运动的学练中,能够不断锻炼自己的右脑,从而使其在容量与能力方面的优势充分发挥出来。第三,学生参与体育运动,能够促进自身血液的循环与流通以及呼吸系统功能的提高,并将大量的养分提供给大脑，从而促进大脑记忆、思维和想象力的发展，不断提高综合智力水平。

（2）提高脑力工作效率

学生长期参加各种各样的体育运动，能够有效减缓自身应激反应，起到良好的健身和提高脑力的效果。一个人的血压和心率会受到肾上腺素受体数目或敏感性的影响，因此，其生理也会受到特定应激源的影响。冷静思考与欣赏音乐能够降低一个人的皮肤电反应速度，这个现象是从强烈的应激情境中变化而来的。参与体育运动对人体产生的这一影响将会更加明显与有效，这是国外相关人员经过研究得出的结论。学生处于静止状态时，容易在生理上产生应激反应，而体育运动能够减少学生的生理应激反应，从而提高脑力工作效率，进一步提高学生的学习效率。

（3）消除疲劳，振奋精神，开发潜力

疲劳是一种综合性症状，学生受学习竞争压力的影响，难免会出现一定的身体或心理疲劳。如果一个人参加一些活动的态度是被动、消极的，或者所从事的工作超出自己的能力范围，那么，其在心理与生理上都容易出现疲劳症状。人的大脑皮层能够对自身的随意活动进行调节。学生在学习体育之外的其他学科时，大都是学习理论文化知识，这时大脑皮层的有关区域所处的状态是高度兴奋的，学习时间越长，保护性抑制就越容易出现于大脑中，一旦出现，学习效率就会不如先前。

进行体育学科学习时，学生通常不仅要学习文化知识，而且要学习实践技能，可谓是脑力与体力的有机结合。这样的结合活动有利于使学生的运动神经中枢处于兴奋状态，这对消除因脑力劳动而导致的疲劳是有利的，也有利于提高学生的理论知识学习效率。除此之外，学生参加体育运动，能够促使其身体素质的加强，维持较高的健康水平。这样他们就有充沛的精力投身文化课的学习，并在学习中不断开发潜力，提高自己的学习能力和水平。

3. 美育

体育教学具有提高学生审美意识与审美能力的重要作用。健、力、美同时蕴含于体育运动中。静态的人体造型和动态的运动节律都具有美的特质，都表现出人们向往美的意愿。体育运动的"美"，不仅在运动过程中得以凸显，而且在运动结果上也有淋漓尽致的体现。运动参与者主要从以下两方面获得成就感与审美感：一是运动参与者通过科学体育锻炼获得完美的身体曲线；二是运动参与者通过激烈且公平的比赛获得良好的成绩。

学生对体育运动的审美意识也可以通过体育教学来培养。体育教学可以帮助学生树立正确的人体及运动审美观，使学生体验积极、健康的审美情感，进而提高学生的美学素养。

综上所述，学生参与不同学习阶段的体育教学活动后，能够掌握比较系统的体育知识、文化以及运动技能，体育教学的文化传承功能也能得以实现。

第四节 高校体育教学的原则与目标

一、高校体育教学的原则

（一）合理运动原则

1. 不同学生生长发育的特殊性

大多数刚进入大学的学生的身体尚处在生长发育期，身体各方面机能的发展还不完善。教师的体育教学安排，既要满足学生锻炼身体和掌握运动技能的需要，又要不至于使学生体能透支而出现危险情况。体育教师在为学生安排和设计体育活动量时，要以学生可以承受的身体负荷为依据。

2. 人体发展的基本规律

学生在参加体育活动时，无论是身体练习还是运动技能的学习，都需要承受一定量的运动负荷。人体体育运动的规律揭示，任何练习和教学都不是活动量越大越好：运动负荷过大，会对学生的身体健康造成不同程度的损害；运动负荷过小，又不利于良好教学效果的取得。运动负荷的安排是否得当，是检验体育教师教学水平高低的标准。

3. 运动负荷的合理安排

(1) 要服从体育教学目标

体育教学目标是培养学生健康的体魄和健康的心理素质，因此，体育教学不是为了让学生不断超越身体极限、挑战自我，也不是为了增加运动负荷而加大运动量训练，竞技体育中单纯为了金牌而无限制加大运动负荷的方法，不适用于各级学校普通学生的体育教学。

(2) 要满足学生的身体需求

体育教学应为促进学生的身体发展而服务，因此体育教学中，运动负荷应充分考虑学生的身体发展状况与需要。教师要合理地安排运动负荷，就必须了解学生的身体发展情况，包括不同性别学生的生理差异、学生在不同生长发育阶段的特点等。运动负荷安排要体现对学生身体的无伤害性，同时要有利于促进学生的身体发展。

(3) 要充分考虑学生之间的共性与个性关系

一方面，教师要从学生的整体情况考虑。这个整体情况主要是指高校学生的年龄相近，身体素质发展情况大致相同。另一方面，教师在整体趋同性的基础上，还要关注个人的一些特殊情况，如应酌情减少伤病学生的运动负荷。

(4) 应为逐步提高学生的自我控制运动负荷能力服务

体育教育虽然以让学生参加身体练习为主，但也不能忽视对体育理论知识的讲授。这种理论教学往往能够让学生更好地理解体育的意义，从而主动参与到体育锻炼中来，而不仅仅在课堂上参与。因此，体育教师应加强现代体育教学的多维分析，提高对学生运动负荷是否合理的基本判断能力，并使学生能在体育活动中自主调节运动负荷。

(5) 应重视合理休息

运动负荷的安排与休息方式、休息时间有关。科学合理地安排休息方式、休息时间和心理负荷，对于顺利实现理想的体育锻炼效果有着重要作用。

(二) 自觉积极原则

自觉积极原则是指在教师的主导下，充分调动学生学习的自觉积极性，发挥学生的主体作用，培养学生学习的主动性和创造性，把认真完成学习任务变成自觉行动。

自觉积极原则是由教师的"教"与学生的"学"双边活动过程中的教学规律决定的。师生关系是体育教学中的一对基本矛盾，矛盾的主导方面是教师，因为教师是教育者，掌握比较丰富的体育知识、技术和经验，能满足教好学生的需要。在实施教学计划过程中，教师起主导作用，不仅表现在对计划的制订和执行上，还表现在对教学过程的调节和控制上。学生是教学的对象，是知识、技能的接受者，是学习的主体。但是学生学习的自觉积极性不完全是自发的，需要教师的指导、传授、调节和控制。反之，学生有了学习和练习的自觉积极性，又能主动地自我调节和控制，并与教师的调节和控制协调一致，保证预定的学习目标的实现。因此，在体育教学中，教师要将主导作用与调动学生学习的自觉积极性结合起来，提高教学质量。贯彻和运用自觉积极原则的基本要求如下。

1. 了解学生

教师必须了解所教学生的特点，包括他们的爱好、需要、特长、困难和不足等。这是教师做好体育教学工作的前提。但是，真正做到了解学生是很不容易的。体育教师可通过多种渠道加强对学生的了解，如担任班主任、培养体育骨干、开展课外体育活动等。只有教师主动了解、关心并熟悉学生，才能奠定调动学生自觉积极性的基础。

2. 发挥教师的主导作用

学生的自觉积极性不完全是自发的，必须通过一系列细致的工作才能充分调动起来。因此，要调动学生的积极性，必须发挥教师的主导作用。教师的主导作用不仅表现在教学中，如教师通过讲解、示范、组织教学等手段，把学生引导到所教的内容上来，更重要的是应该为学生提供一种良好的条件，使外因能顺利而迅速地转化为内因，从而调动学生的自觉积极性。

3. 建立民主平等、情感融洽的师生关系

在体育教学中，建立良好的师生关系对学生的积极参与和取得良好的学习效果具有重要影响。以下是一些方法和策略，可帮助教师营造融洽和谐的师生关系。

（1）建立信任

教师应当与学生建立起信任关系，表达对学生的信任和尊重，给予学生自主权和责任感，充分发挥他们的潜力。

（2）关心学生

教师应积极关心学生的学习和生活，了解他们的个性、需求和兴趣，与学生进行良好沟通，倾听他们的想法和意见。

（3）鼓励和赞赏

及时给予学生鼓励和赞赏，肯定他们的努力和成就。这将激发学生的自信心和积极性，增强他们对体育教学的投入和参与度。

（4）公正和平等

教师应公正对待所有学生，不偏袒或歧视任何一个学生，让每个学生都感受到公正和平等的待遇。

（5）创设积极的学习环境

教师应创设积极、活跃的学习环境，鼓励学生展示自己的才能和创造力，通过合作学习、小组活动等方式，培养学生的合作精神和团队意识。

（6）倾听和理解

教师应倾听学生的需求，理解他们的困难和挑战。与学生进行开放的对话和交流，给予他们支持和帮助。

（7）亲身示范

教师应以身作则，成为学生的榜样，展示积极的态度、热情和专业精神，激发学生的学习兴趣和动力。

通过以上措施，教师可以建立起积极、互信、关爱的师生关系，为学生提供积极主动、快乐投入的体育教学环境，促进学生全面发展和成长。

4. 培养学生学习的内在动力

学生的内在动力是推动其学习的重要因素，而教师在培养学生的学习动机和兴趣方面起着至关重要的作用。以下是一些方法，可帮助教师提高教学的艺术性和启发性，激发学生的内在动力。

（1）设计有挑战性的任务

提供给学生具有挑战性的学习任务，让他们感到兴奋，全身心地投入其中。任务的难度应适应学生的能力水平，既不过于简单无趣，也不过于困难让学生失去信心。

（2）创设有意义的教学情境

将学生的学习与实际生活和兴趣爱好相结合，创设与学生经验和实际需求相关的教学情境，让学生认识到学习的重要性和实际应用价值，激发他们的内在动机。

（3）提供学生自主学习的机会

鼓励学生自主学习，让他们在学习过程中有一定的选择权和控制权；给予学生自主决策的机会，激发他们的学习动力和责任感。

（4）关注学生的个体差异

了解学生的兴趣、需求和学习风格，因材施教。针对不同的学生，提供个性化的学习支持和鼓励，激发他们的内在动力。

（5）提供及时的反馈和认可

及时给予学生积极的反馈和认可，鼓励他们的努力和成就。正面的反馈可以增强学生的自信心和内在动力，激发他们将更多的精力投入学习之中。

（6）激发好奇心和探究欲

引导学生提出问题、思考和探索，激发他们的好奇心和求知欲；培养学生主动学习的习惯，让他们对知识和学习感到兴奋和满足。

（7）营造积极的学习氛围

创设积极、支持性的学习环境，鼓励学生相互合作、分享和交流；培养学生之间的友好关系和合作精神，激发他们的内在动力和学习兴趣。

5.培养学生自学、自练、自评的能力

自学、自练、自评的能力是养成学生经常参加体育锻炼习惯、培养终身体育锻炼意识的重要基础。在发挥主导作用的前提下，教师要为学生自学、自练、自评能力的培养与发展创设良好的外部环境，放手让学生独立自主、生动活泼、主动地学习与锻炼。

（三）循序渐进原则

1. 基本依据

在体育教学中，教师首先要遵循的就是由简到繁、由易到难、由已知到未知逐步深化的循序渐进的原则。只有循序渐进，才能让学生更好地掌握体育知识、技术和技能。

2. 基本要求

制定好教学文件、安排好教学内容，是教学工作顺利开展的基础。教学计划的科学性和系统性对于教学任务的顺利完成至关重要。教师在制订教学计划时，应该根据运动项目的特点和学生的学习需求，合理安排教学内容的顺序和难度，确保学生能够循序渐进地提高。

教师还应不断提高自身的文化素养和教学能力，从而更好地理解学生的身心发展规律，把握教学的节奏和方式，为学生提供有效的教学指导。

了解教材的系统性和相互关系也是教师的重要任务。教师需要对教材进行深入研究，了解它们的结构和内容，以便在教学中灵活运用，使教学更有针对性和更加高效。

总之，教师需要不断提高自身的知识水平和专业素养，制订科学的教学计划，循序渐进地提高学生的生理负荷，以促进学生的健康发展和学习进步。

（四）因材施教原则

因材施教原则在体育教学中具有重要的意义。教师应该深入了解学生的身心发展情况，包括体育认识、兴趣爱好、健康状况、体育基础等，以便针对不同学生采取相应的教学方法和措施。

贯彻因材施教原则时，教师应面向全体学生，制定统一的教学目标，提出统一的要求，确保大多数学生能够通过努力达到。同时，教师也要兼顾学生的个体差异，为身体素质优秀且有特长的学生提供更多的发展机会和专项训练，为身体素质较弱的学生提供耐心帮助和个别指导，帮助他们逐步提高。

教师还需要考虑学校的客观实际情况，包括场地设备条件等。制订教学计划和选取教学方法时，教师应综合考虑这些客观条件，使教学更加切合实际、有效。

总之，贯彻因材施教原则需要教师全面了解学生，面向全体学生，同时兼顾学生的个体差异，并结合学校的实际情况，制定合理的教学目标，采取科学的教学措施，以促进学生的个人发展和整体进步。

（五）巩固提高原则

1. 基本依据

根据遗忘规律和运动条件反射建立与消退的理论，学生学到的知识与技能在一段时间内如不经常复习就会被遗忘或消退。另外，根据"用进废退"原理，学生对学习的运动技能进行反复练习有助于发展运动能力、身体素质和生理机能，起到强身健体的作用。因此，学生要注意巩固提高所学的知识和运动技能。"学习如逆水行舟，不进则退""温故而知新"这些关于学习的箴言，充分揭示了学习中巩固提高的重要性。体育教学多为身体练习，一般来讲，如果这种练习不能得到巩固，就会随着时间的延长而消退。因此，在体育教学中遵循巩固提高原则是十分必要的。

2. 基本要求

首先，教师应合理安排训练计划。制订合理的训练计划，可以使肌体在巩固提高的过程中避免出现过度疲劳损伤肌体问题。

其次，教师应重视良好体育教学方法和训练方法的选择。教学中，可采用改变教学方法或者改变练习条件的方式达到巩固提高的目的。

第三，教师要增加运动密度和动作重复的次数，让学生反复强化，不断巩固运动条件反射，提高技术水平、身体素质和体育能力。

第四，教师要给学生布置适量的课外体育作业或家庭体育作业，将课内课外结合起来，达到巩固提高的目的。

最后，教师要不断提出新的教学目标，培养学生参加体育运动的兴趣和进取动机。

（六）身体全面发展原则

身体全面发展原则在体育教学中具有重要的作用。选择多样化的教学内容和采用有效的教学手段，教师可以促使学生身体各个部位、器官、系统的机能得到全面发展。

贯彻身体全面发展原则时，教师应选择不同性质的教材，包括各种运动项目、活动形式和训练方法，以确保学生身体各个部位的机能得到协调和提高。单一或局部的锻炼可能无法达到理想的效果，甚至可能导致身体发展不平衡或畸形。因此，运用全面、多样的锻炼方式，教师可以促进学生身体各个器官系统的均衡发展，形成正确的身体姿势和动作习惯。

人体的各个器官系统、身体素质和基本活动能力之间相互联系，相互促进，相互制约。因此，只有通过全面锻炼，才能使身体各个方面得到协调发展。这需要教师在教学过程中选择合适的教材和教学手段，注重综合性的训练，包括耐力、力量、速度、柔韧性等身体素质的培养，并结合学生的特点和需求，制订个性化的训练计划。

总之，贯彻身体全面发展原则，需要教师选择多样化的教学内容和教学手段，注重综合性的训练，以促进学生身体各个部位、器官、系统的协调发展。这有助于让学生掌握正确的身体姿势，形成良好的体育锻炼习惯，促进学生身体素质的全面提高。

（七）终身体育原则

终身体育原则是指人们应该将体育活动视为一种终身的生活方式和价值观，持续参与体育运动，保持身体健康和积极的生活态度。这一原则强调体育运动不是仅仅在学校或特定阶段的活动，而是贯穿整个人生的活动，为个人的身体健康和全面发展提供持久支持。

终身体育原则的基本要求如下。

（1）持续参与

终身体育强调个人要持续参与体育活动，无论是在学校、工作还是业余时间，都应该将体育作为日常生活的一部分。通过定期锻炼和参加各种体育运动，学生可以保持身体的健康状态，提高身体素质。

（2）多样性和适度

终身体育鼓励个人参加多样化的体育运动，包括有氧运动、力量训练、灵活性训练等。同时，要注意适度，根据个人的身体条件和需求，选择适合自己的运动方式和强度，避免过度训练或受伤。

（3）教育与培养

终身体育强调体育教育的重要性，培养人们对体育的兴趣和理解，提供相关的知识和技能，以便他们能够正确地参加体育运动。体育教育不仅仅发生在学校，也应该在社区、家庭和工作场所中得到关注和支持。

（4）共享和社交

终身体育鼓励个人通过参加团队运动、社交活动和比赛来享受体育学习的乐趣，并与他人建立良好的人际关系。通过与他人的互动和合作，学生可以提高个人的团队合作能力、沟通能力和社交技巧。

终身体育原则的实施需要个人的自觉和积极参与，同时也需要社会的支持和推动。教育机构、政府和社会组织应该提供多样化的体育活动和资源，创造良好的体育环境，鼓励人们积极参与体育运动，并为他们提供必要的支持和指导，以实现终身体育的目标。

二、高校体育教学的目标

体育教学目标的确立对于教学活动的开展和学生的学习起着重要的指导作用。制定明确、可行、综合、阶段性和个性化的体育教学目标，可以引导教师有效开展教学活动，促进学生全面发展。同时，也能够让学生清楚地知道自己的学习目标和努力方向，更好地参与体育教学活动。

（一）体育教学目标的特性

1. 预见性和挫折性

首先需要说明的是，体育教学目标并不是自确立之日起在很短的时间内可以达到的，也就是说，它并不是已经实现的现实。体育教学目标对体育教师和学生共同完成体育教学活动有着很强的指导作用和激励作用，它是一种对体育教学活动结果的预见与期待。学校体育教学还具有一定的挫折性，因为体育教学目标在实现的过程中会遇到许多不在预期之内的问题和困难，这些困难会给最终要实现的教学目标以极大的阻碍。要达成目标，师生需要付出努力，甚至需要经过非常艰辛的努力才能实现。

2. 方向性和终结性

学校体育教学目标能够反映出特定的价值取向，这也说明它带有明确的方向性。在学校体育教学中，这个方向性也非常直观、明确地展现在体育教学主体面前，如他们应朝着什么方向走、走到哪里等。体育教学目标的终结性不是体育教学的终止，体育教学目标的完成意味着下一个更高更强的体育目标的建立和开始，这个结点只是整个体育教学过程中相互联系的"歇脚点"。

（二）体育教学目标的功能

1. 是选择教学内容与方法的重要依据

体育教学内容较为广泛，除了常见的体育运动项目技能外，还要学习一些与体育和保健相关的知识与技能。科学、合理的体育教学目标，可以帮助教师界定体育教学内容的范围，对教学内容的选择起到导向作用，并且对其做出最有价值的判断。对于相应的教学内容，教师选择对应的教学方法，也是以体育教学目标为依据的。

2. 是组织教学活动的重要依据

体育教学目标影响着体育教学活动组织的严谨程度和实施方法。它会对体育教学内容的结构形式和教学组织形式产生影响，指导体育教学的具体实施。例如，对于较低的体育教学目标，学生可以轻易达成，教师的教学组织就相对轻松一些；对待较高的目标，教师则需要严谨、紧张、细致的教学组织。

3. 是教学评价的重要依据

教师要对体育教学结果进行系统、客观的评价，以获得有效数据和结论，并将其反馈给体育教学管理部门。相关部门会根据这些评价调整体育教学各项指标，增强与学生的适配性，促进教学水平。总的来看，学校体育教学目标是评价体育教学价值和效果的主要依据，它是进行学校体育教学评价的基本标准。由此可知，体育教学目标为学校体育教学评价提供了依据。

（三）体育教学目标的制定

1. 制定步骤

（1）确定教学内容

教学内容包括体育项目、技能要求、知识点等。了解要教授的内容对于制定目标非常重要。

（2）分析学生特点

了解学生的年龄、性别、身体素质、技能水平、兴趣爱好等特点，以及他们的学习需求和目标。这样可以更好地调整教学目标，使其符合学生的实际情况。

（3）参考教学大纲和标准

参考相关教学大纲、课程标准和学校提出的教学要求，了解学生在该阶段应达到的目标和要求。这些文件可以为教师提供教学指导，确保教学目标与整体教学框架基本一致。

（4）设定整体目标

根据教学内容和学生特点，确定整体目标，即学生在学习过程中所要达到的总体水平。整体目标应该明确、可行，并与教学大纲和标准保持一致。

（5）制定阶段性目标

将整体目标分解为不同学习阶段的目标，每个阶段的目标应该与学生的能力和发展情况相匹配，具备逐步提升的特点。

（6）确定具体目标

在每个阶段确定具体的目标，包括技能目标、知识目标、体能目标等。这些目标应该是可衡量的，能够通过观察、测试等方式进行评价。

（7）设定时间限制

为每个目标实现设定合理的时间限制，确保学生在规定的时间内能够完成目标。时间限制可以帮助学生有条不紊地学习，提高学习效率。

（8）追踪评估和调整

定期评估学生的学习情况，了解他们的进展和困难。教师可根据评估结果进行调整，适时修改目标和教学方法，确保学生能够顺利达到预期目标。

通过以上步骤，教师可以制定出符合学生特点和教学要求的体育教学目标，引导教学活动的开展，并推动学生的全面发展。

2. 目标陈述要素

（1）明确目标的行为主体

体育教学目标注重学生学习产生的变化和结果，而不应像以往那样单纯是教师的"教"，以教师为行为主体。现代乃至未来的教学都要以学生作为行为主体。因此，对于体育教学目标的陈述，教师也要注意突出体现这一趋势。

（2）准确使用行为动词

体育教学目标应采用行为动词来描述体验性目标和结果性目标，用来区分学习结果的层次性。

（3）规定学习条件

在陈述体育教学目标时，教师要注意将教学条件一一描述出来。体育教学设计和体育资源，这些都是教师体育教学中不可或缺的内容。就教学条件来讲，它一般包括情境、环境和信息三大要件。

（4）说明预期效果

陈述体育教学目标时，教师必须提供经过教学活动后预期达到的效果。在对预期效果进行描述时，教师要以学生为主体，语言通常为肯定句。

3. 制定要求

（1）连续性

确保体育教学目标的连续性是非常重要的，这样可以让学生的学习是有序的、系统的。在制定体育教学目标时，教师需要仔细考虑不同目标之间的关联性和先后顺序，确保学生能够有序学习，逐步提升自己的技能和能力。这样可以让学生建立稳固的知识体系，为学生的综合发展奠定良好的基础。

（2）层次性

无论是体育情感目标、认知目标、运动技能目标，还是增强体能目标，它们都有一个从低到高的层次。各领域目标之中，也有从低到高的层次。

（3）可操作性

制定的体育教学目标，应具体、明确，便于操作，有利于给体育教学活动以明确的导向，并且便于对最终教学效果进行评价，利于测量。

（四）体育教学目标的实现途径

体育与健康课、课余体育活动与其他体育健身活动等是高校体育教学工作的主要内容，也是体育教学目标实现的基本方法。

1. 体育与健康课

体育与健康课是必修课，它是以教育部制订的教学计划为依据开设的，是系统地对学生进行体育教育的课程。高校体育的基本组织形式也是开设体育与健康课。体育与健康课的基本特征如下。

第一，课程标准中有相应的规定，授课班级相对固定。

第二，体育教师是专业的，场地、设备与器材也有较好的保证。

第三，有规定的考评，学生毕业与升学都要进行体育与健康课的测试。

2. 课余体育活动

我国高校体育教学目标得以实现的重要组织形式之一是组织课余体育活动。课间操、早操，以及在校外进行的郊游（夏令营、冬令营）等，是课余体育活动的重要形式。课余体育活动具有如下几方面的意义。

第一，能够提高学生学习体育知识和技能的积极主动性。

第二,有利于学生运动能力的提高,对学生自觉锻炼身体的意识和习惯具有积极的培养作用。

第三,有利于学生体质的增强,能够发展学生的体育兴趣与爱好。

第四,能够让学生的课余体育生活更加丰富,学习和生活的质量等也会有所提高。①

3. 其他体育健身活动

其他体育健身活动是指在高校教育各个环节开展有利于学生增强体质的活动。这些体育健身活动也是实现体育教学目标的主要途径之一。

---

① 杨培培:《普通高校课余体育训练方法与竞赛活动的改革策略研究》,《运动》,2017年第20期,第79-80页。

第二章　高校体育教学理念和模式

第一节　高校体育教学理念

一、"以人为本"的教学理念

(一)"以人为本"的教学理念概述

1. "以人为本"的理论基础

"以人为本"的教学理念是在现代人本主义教育思想的基础上提出和发展起来的。人本主义教育思想的产生，源于对现代科学发展中人对科学产品的使用和智能化时代发展过程中对人的价值丧失的思考。

进入20世纪，随着科学技术的快速发展，科学主义成为当代教育发展的主流。

20世纪50年代，各种教学思想、教学观念层出不穷。其中，认知心理学和行为主义者对人性的认识分析产生困惑，教育工具化，接受教育、获取知识所带来的快乐体验无法得到重视，教育单纯成为人们获得更高技能与认可的一个途径。

正是在科学技术不断发展的影响下，人类社会的生产和生活方式发生了很大变化。科学改变生活，对人们的启发很大。人们依赖科技，也会越来越受制于科技。因此，在教育领域，人们也越来越强调人本主义，旨在将人从器物中解放出来。现代人本主义强调，应将人类从依赖科技中解放出来，恢复人在世界中的本体地位，而非依附科技发展。[①]

从社会发展中人的主体地位的体现到教育领域对作为学习者、施教者的教

---

① 刘天麟：《复归马克思主义人本主义思想》，《今古文创》，2021年第11期，第57–58页。

学活动参与主体的"人"的重视,"以人为本"思想在包括教育在内的各个领域得到重视。

教育教学中的"以人为本"教学理念,旨在将教学活动参与者从传统教学中非人性化的状态中解脱出来,恢复人的教学主体地位。它强调了"人"的重要性,真正关注教师、学生的自我健康和可持续发展。

人本主义理论具有以下几个基本观点:①学习者是学习的主体,应受到尊重;②学习是丰富人性的过程,根本目的是人的自我实现,强调教育应促进教学参与者(尤其是学生)人格的完整,促进人的认知与情感的丰富、提高;③人际关系是最有效的学习条件;④意义学习是最有效的学习。

2."以人为本"的教学观点

"以人为本"肯定了人在教育中的重要作用。在教育教学实践中,体育教育工作者和许多学者概括出了以下几个观点。

(1)教育目的是促进师生的自我实现

首先,在体育教学中,学生的自我实现是要促进学生身体、心理、智能、社会性等全方位的自我发展,让每个学生都能有所进步。体育具有多元教育价值,能促进学生素质的综合发展。在"以人为本"理念的指导下,教师在体育教学中不仅要重视健康知识和运动技能的学习,还要通过创设科学的教学环境和设置合理的教学活动来促进学生心理、情感、智慧、社会性的发展,使学生的情感和智力实现有机结合。体育教学的一个重要教学任务就是促进学生认知与情感的共同进步和发展。通过体育教学,教师要发掘和发挥学生的学习潜能,培养学生的创造性,使最终所培养的学生具有创新、创造的意识与能力。这样的人才是社会真正需要的。

其次,在体育教学中,教师自我实现最基本的途径就是能创造性地完成教学任务,实现教师角色的价值,培养适合社会发展的合格人才,促进学生的发展与进步。同时,科学设计体育教学流程,开展丰富多彩的体育教学活动,应用多种教学媒体,从而提高自己的综合教学能力、组织能力、社交能力、科研能力、创造力等,增强体育素养,实现自我职业生涯不断发展。此外,还要在日常工作和生活中身体力行地从事体育锻炼，不断提高自身健康水平，并能对学生和周围的人产生潜移默化的影响。

（2）课程安排应有利于学生的自由发展

人本位的思想和观念使得人们认识到传统工具化的教育是对其本质属性的违背。人们必须认识到，人是教育的出发点。人本教育将教育的重点落到人的身上，关注人的健康成长。

体育的教学对象是人，人与人存在个体差异。教育不是为了"批量生产人才"，而是旨在促进每个人在健康、全面发展的基础上还要有个性化的发展。因此，体育教学应在统一要求的基础上做到因材施教。教师必须尽可能设计多种多样、侧重点不同的教学内容，组织和引导学生充分参与科学的体育教学活动，使每个学生都能在体育学习中有所进步与成长。

（3）教学方法选用应重视学生的情感体验

人本主义教学理论强调"以人为本"，主张教学以学生为中心，实现个性化发展。学生的这种发展都是从学习经验中体悟和实现的，这就要求教师体育教学中应重视选择科学的体育教学方法，以激发学生的学习兴趣，为学生创造良好的学习体验。在"弘扬人的个性，强调以人为中心，尊重人的情感体验"的现代体育教学中，体育教师应全面了解学生，充分尊重学生，真正理解和信任学生。在此基础上，教师与学生之间"教师高高在上""师命不可违"的关系才能彻底改变，从而构建和谐的师生关系。良好师生关系的建立，对于体育教学活动的顺利开展具有非常重要的意义。可以说，对体育学习的态度、个人爱好、获得学分是学生学习重要动机，教师的个人魅力对学生学习也具有重要影响。和谐的师生关系，有助于教学活动中师生更好地配合，从而提高体育教学质量。

（二）"以人为本"教学理念指导下的高校体育教学

1. 重新定位体育教育价值

传统体育教学对"育人"的认识存在不少误区。长期以来，人们总是在理解体育科学化的基础上，采用生物学的观点对学校体育的价值做出判断，并且过多地关注学校体育"增强体质"的功能。在对体育运动本质的理解上，一些教师也存在一定的偏差。

在全球化的发展背景下，各种思想文化处在不断的发展和融合之中，教育思想也呈现出这一发展趋势。人本理论和"以人为本"教育理念的提出，体现了当代社会对人的发展的重视。在体育教育教学领域，当前的学校体育更加强调人性的回归，学校体育的根本出发点和落脚点应是"育人"。

现代高校体育教学中，"以人为本"的教学理念是符合当前时代的发展要求的。当前社会，人的发展在社会的各个领域受到了重视。即使在智能时代，很多机器生产代替了人工生产，但是发明机器、操控机器的还是人，人在人类社会的发展中起到了关键的作用，任何时候都不能忽视人的作用。

人本主义教学理念与思想指导下的体育教学，就是要求教育者在体育教学活动开展中关注作为教学对象的学生这一因素。教师教学活动的开展需要学生的参与、配合，如果没有学生的参与，教学活动就没有了开展的意义。

必须指出的是，教师也是教学活动中非常重要的参与方，也应该得到关注，所发挥的作用也不容忽视。

现阶段，我国的体育教学思想呈现出多元化的发展趋势。诸多教学思想围绕"人"的教育展开论述，讨论了体育教学中如何更好地促进和实现"人"的发展。

2. 重构体育教学目标

在我国，如果学校体育教学目标仅仅为增强学生体质、掌握"三基"和进行德育，那么，体育教学则会过于功利化，过于追求竞技成绩和金牌数量。这些都会严重忽视学生的健康发展，不利于学生的可持续发展，也不利于教学的可持续进步。

随着体育教学的不断发展，新的科学化的教学理论、教学理念给了体育教育工作者更多的启发与指导，体育教学的育人作用被不断丰富和发展，多元化的学校体育价值体系对体育教学目标重构提出了要求。

新时期，"以人为本"的教育理念在学校不同学科的教学中得到广泛应用与渗透，越来越多的学者认识到传统的体育教育体制不再适合当前的体育教育教学，教师不能单纯地追求学生的外在技能水平，而应该重视学生的全面、健康、可持续发展。新时期的体育教学重点要转移到"以人为本"上，教师必须认识到，人是运动的参与者，是运动的主体，体育教学和训练要以促进人的全面发展为根本目标。

3. 建立学生教学主体观

现阶段，"以人为本"成为我国体育教学的重要教学理念。在开展体育教学实践活动中，越来越多的教师开始关注学生，从学生的特点、条件、基础和学习需要出发选择教学内容、教学方法、教学组织形式与教学模式。高校体育更多以选修课形式设置，教师正是通过个人教学能力和对学生的因材施教与关心关爱学生、研究学生获得学生喜欢，以此促进更多的学生选修自己的课程。

总之，学生是教学的主体，没有学生，教学也就不复存在。

4. 优选体育课程内容

传统体育教学对学生的全面健康发展关注不够，体育教学课程内容主要是竞技体育运动技能，体育教学课通常被体能训练课、技能训练课代替。新时期的"以人为本"教学理念重视学生的全面、健康、个性化发展，在体育教学内容选择上也更加科学。

在"以人为本"教学理念的指导下，我国的体育教学有了很大进步与发展。为了进一步促进我国体育教学改革，教育部门先后修订各级学校体育教学大纲，强调要不断丰富体育教学内容，通过多样化的教学内容旨在促进学生的身心健康与全面发展。高校体育教学活动要在落实"健康第一"教学理念的基础上进行，通过丰富的体育教学内容来吸引学生参与体育锻炼，促进学生身心健康发展。如果体育教学只关注竞技能力提高，有时为达到竞技能力提高的目的甚至安排不合理的教学内容，超负荷地揠苗助长，可能对学生的身心健康造成损害。这种行为是"以人为本"教学理念坚决禁止的。

在丰富高校体育教学内容的同时，"以人为本"的教学理念还强调体育教学内容与不同大学生发展需求相适应。在优选体育教学内容时，应注意以下几点要求。

第一，突出体育教学内容的趣味性，在课程改革过程中，激发学生学习的兴趣。

第二，强调体育教学内容的健身性，摒弃或改变过度强调竞技技术提高的体育教学内容，使之能更好地为促进高校学生的身体健康服务。

第三，重视体育教学内容的适用性。体育教学内容的实施应有利于学生当前的身体健康发展，并能为高校学生的终身体育意识和体育能力培养奠定基础。

第四，关注体育教学内容的创新性。高校体育教学内容还应适应现代化社会发展潮流，具有启发性、创新性，促进高校学生创新意识和能力的培养。

二、"健康第一"的教学理念

（一）"健康第一"的教学理念概述

1. "健康第一"教学理念的理论依据

从世界范围来看，"健康第一"教学理念的提出是符合世界教育发展趋势和社会对人才的发展要求的。

（1）世界范围内对人类健康发展的重视

在人类社会发展历程中，健康始终是一个备受关注的课题。人类健康是推动人类社会发展的一个必要条件。

随着国际范围大众健康交流的日益增多，人们都非常重视本国和地区的大众健康发展，整个社会已对体育的功能、价值等方面形成了全新的认识。在教育领域，重视学生的健康发展，成为各个国家和地区重视本国体育事业和教育事业发展的重中之重。体育健康教育对增强青少年体质健康水平、通过青少年群体影响周围群众健康和对青少年进入社会成为社会体育人口间接增进社会大众健康，具有重要而深远的影响。

（2）社会发展对人才健康发展的客观要求

随着科技不断进步，经济迅速发展，社会生活节奏日益加快，人类的体力劳动越来越少，长时间伏案工作造成的"运动不足""肌肉饥饿"严重影响了人们的身体健康。

在当前和未来社会的发展中，健康问题将始终是影响个人和社会发展的首要问题，社会的快速发展与激烈竞争要求现代人才不仅有正确的政治思想，具备扎实的科学知识和能力，还必须具备强健的体魄。"身体健康是其他一切健康的基础"，"身体是革命的本钱"，身体健康是个体生活、学习、工作的基础，如果没有健康的身体，则很难在社会劳动力竞争中占据优势，社会竞争对劳动力的基本要求就是身体健康。要想在竞争中立于不败之地，人们首先必须拥有健康的体魄。

教育的最终目的是促进个人的健康发展，培养符合社会发展的合格人才。对学生群体的身体健康教育，是体育健康教育的重中之重。

2."健康第一"教学理念的教育特点

"健康第一"教学理念内涵丰富，其在体育教学实践中表现出以下特点。

（1）强调身体健康是健康的基础

"健康第一"，其中提到的"健康"是全面的健康，是包括身体健康、心理健康、社会健康、生殖健康等在内的多维健康，健康的基础是身体健康。健康的体魄是人类发展的基本标志，教育应首先关注健康教育。

（2）强调多元健康发展的素质教育

"健康第一"作为现阶段重要的先进教育理念被提出，强调体育教育应重视学生的健康发展，指出学校教育教学的首要目标是促进学生的健康成长，学生的身心健康比卷面分数更为重要。①

（3）强调健康教育的全面性

首先是学生身体健康教育。

在"健康第一"教学思想指导下，高校体育教学应时刻关注学生各方面健康的综合发展，关注和促进学生的身体健康发展，也促进学生的心理和社会性

---

① 熊文：《学校体育"健康第一"理念的溯源、误区及再定位》，《体育教学》，2023年第4期，第4-7页。

发展，为学生奠定良好的身体基础、心理基础，并能在走出校园、走进社会之后有良好的身心健康状态和水平应对生活、工作、再教育中的各种挑战。

其次是学生心理健康教育。

现代社会竞争日益加剧，它要求社会生活中的成员都应具备良好的心理素质，如此才能正确地看待、应付学习、生活、升学、就业、恋爱、婚姻等中的各种问题。当前，就我国高校大学生群体而言，许多大学生深受学业、就业、生活中的各种问题的困扰，存在不同程度的心理问题。因此，关注学生心理健康非常必要。体育具有促进运动者健康心理形成和发展的重要作用。现代大学生压力大，也容易受不良因素影响，因此，高校体育教育应关注大学生的心理健康发展，通过开展体育教学活动，促进大学生心理健康发展。

第三是学生社会性发展教育。

体育是一种独特的教育形式。学校体育教育可促进学生社会性的良好发展，教师应该在教学中有意识地培养学生建立良好人际关系、竞争与合作的能力。

高校开展体育教学活动中，应深入挖掘体育教育价值，充分贯彻"健康第一"的教学理念，切实促进学生身心健康、全面发展。

（二）"健康第一"教学理念指导下的高校体育教学

1. 树立体育教育新观念

"健康第一"教学理念对我国体育教育最重要的影响就是教育重点和方向的转变。新时期，贯彻"健康第一"教学理念，就必须转变体育教育观念，改变竞技化体育教育方式，关注学生身心健康发展，应该把教育的重心从单纯地追求学生的外在技能水平向追求学生的全面协调发展转移。

新时期，不断强化高校体育教育教学改革，必须落实健康教育。每一个高校、每一个高校体育教育工作者，都应该形成正确的体育价值观，培养良好的意志品质，不断完善性格特征。总之，现代科学化的体育教育应该将体育教育教学理念从以往单纯地"增强体质"为主转移到"健康第一"的新型教育观、发展观。

现阶段，社会发展对人才的要求是全方位的，合格的社会人才应该是健康发展的人才，身体健康、心理健康、社会性健康等，缺一不可。

2. 明确体育健康教学目标

在当前的体育教育教学实践中，"育人"是学校体育教学工作最根本的目标，技术教育和体制教育不能完全作为学校体育实践的重心，"健康第一"的教育理念为促进我国高校体育目标的多样性、多层次性提出了新的要求。

第一，重视加强对学生体育文化知识的教育，提高学生的体育文化素养。

第二，充分融合健康、卫生、保健、美育等多种教育内容，通过内容全面的体育教育来培养学生健康的体育意识、健康的娱乐休闲习惯，远离可能影响个人身体健康的一切不健康因素和事件的影响。

第三，紧密结合学生生长发育与生活实际开展健康教育，使学生会自我保护，预防疾病发生。

第四，重视大学生青春期教育和心理健康教育，将其作为健康教育的重要内容来抓，为学生在特殊时期的健康成长提供科学指导。

3. 完善体育教学课程体系

深化高校体育教学课程体系改革是促进高校体育教学发展的重要和有效途径。要贯彻落实"健康第一"教学理念，就必须在体育教学课程体系建设方面做好工作，不断丰富体育课程教学内容，以更好地满足当前高校大学生多元化、个性化的体育健康发展需求。

在"健康第一"教学理念影响下，我国的高校体育教学课程现状发生了很大改变，如体育课程内容增加、教学方法不断丰富、学校体育课内与课外活动有机结合。体育选修课也越来越考虑大学生的学习爱好与需要，体育课程与内容设置针对不同专业学生凸显出专业的特点。

现阶段，学校要继续贯彻"健康第一"教学理念，建设更加完善的体育课程教学体系，需持续做好以下工作。

第一，始终坚持以学生为主体，将学生的身心健康发展放在首位，所有教学活动的开展都应围绕促进学生的健康发展服务。

第二，调整体育教学内容，充分了解学生的特点和需求，科学选择体育教学大纲规定的教学内容，调整与本校实际教学情况和本校学生不适合的教学内容，使体育教学内容能更好地从理论落实到教学活动中。

第三，丰富体育教学内容，吸引高校大学生参加体育学习，激发体育参与兴趣，满足大学生的不同体育学习需求。

第四，重视教学内容的因地制宜。根据本地区气候、资源以及学校教学特点设置特色化的体育教学课程，并研究推出更能反映本校学生健康发展的健康监测内容与标准。

第五，重视课内体育教育与课外体育活动的有机结合，加强体育课对学生的教育意义，提高学生对体育课的兴趣，并使学生养成科学合理的作息习惯、健身习惯，在课余时间也能科学健身，保持健康的生活方式。

4. 重视体育教学方法优化

体育教学效果的实现和体育教学活动的开展受到体育教学方法的影响。在高校体育教学中，有很多体育教学方法可以供教师选择。不同的体育教学方法有不同的特点，同一种体育教学内容可通过多种教学方法展现给学生。体育教师应该判断出哪一种教学方法是最合适的，这样可以促进教学方法应用的最优化，进而促进体育教学效果的最优化。重视体育教学方法优化，要求体育教师具有良好的体育教学能力，有能科学选择教学方法、合理应用教学方法的能力。

5. 完善教学评价体系

在"健康第一"教学理念的影响下，体育教学应以学生的体质增强、身心健康发展为重要评价指标，完善评价体系。

"健康第一"教学理念指导下高校体育教学评价体系的科学化构建与完善，具体要求如下。

第一，要重视对多方面教学效果的量化分析，并且将定性评价和定量评价相结合，提高教学评价的科学性，促进学生更好地认识自身的不足以及获得学习的动力。

第二，要做到评价内容全面、评价指标全面、评价方法全面，还要尽量做到邀请不同的评价主体进行评价。

第三，体育教学不仅注重对学生进行全面评价，还注重对教师教学效果的评价。

三、"终身体育"的教学理念

（一）"终身体育"的教学理念概述

1."终身体育"的基本内涵

"终身体育"教育思想的形成是人类自身和社会发展的必然。终身体育包括两方面内容：第一，终身体育贯穿人的一生，从出生开始一直延续到生命的结束。在人的一生中，人都应养成参加体育锻炼的习惯，体育是日常生活的重要组成部分。第二，终身体育是科学的体育教育，在人的一生中的不同阶段，都要有正确的价值观念指导和引导个体参加体育活动，实现身体的健康发展，终身受益。

具体可以从以下几方面来理解终身体育：①时间方面，贯穿人的一生；②内容方面，项目丰富多样，选择性强；③人员方面，面向社会全体公民；④教育方面，旨在提高全民体质健康水平。

学校"终身体育"教学思想的树立和形成能有效促进我国体育教学的发展，是所有运动项目都应该树立的正确的教学思想和观念。

要切实推动"终身体育"教学理念在高校的贯彻落实，教师具有非常重要的责任，发挥着巨大的作用。调查发现，在体育运动参与方面，很多学生会受到教师的影响，特别是教师业务水平的影响。因此，教师在教学中和课堂外都应提倡学生积极参与体育锻炼。

在体育课堂上，教师应关注学生终身体育意识和能力的培养，不能只关注和过于重视技术、技能教学。

在体育课堂外，教师可以组织学生开展各种体育活动、体育游戏。对高校大学生体育俱乐部活动的开展，教师应鼓励，并给出指导性意见和建议。

2. "终身体育"的思想特征

（1）体育锻炼时间的终身性

"终身体育"是一种先进的教育理念，其最重要的一点就是它可以使个体一生受益。

从教育功能作用于个体的影响来看，"终身体育"突破了传统的学校体育教学目标过分强调学习和掌握运动技能的观念，不像传统的体育教学把人接受体育教育的时间仅仅局限在学校学习期间，而是将体育教育时间大大延长，囊括了人的一生。

"终身体育"教育理念强调体育教学应符合学生生长发育、心理健康发育的客观规律，以及健身的长久性，注重培养学生对体育的爱好、兴趣，养成锻炼的习惯和能力，强调体育参与的终身参与、终身受益。

（2）体育锻炼群体的全民性

"终身体育"的对象指接受终身体育的所有人，每一个社会成员都应该积极参与。"终身体育"是面向全体社会成员的，从学生在学校体育教学中逐渐培养起体育锻炼意识到走出校门、走进社会之后能持续参与体育锻炼，为以后的参与体育锻炼奠定良好的基础。因此，终身体育教育的主体并不局限于在校学生，而是面向所有民众，应做到全民积极、主动参与。

从一种体育发展理念演变为一种体育教育理念，"终身体育"教学理念的教育对象是面向整个人类社会成员的，它不局限于学生，也包括社会大众。

体育教育是一个需要长期坚持的系统工程，生存、健康是社会和时代发展主流，健康是人们生存生活的重要基础，体育健身与生活密不可分。因此，无论个体的年龄、社会身份发生怎样的变化，都应该成为"终身体育"的教育对象。

（3）体育锻炼目的的明确性

"终身体育"以适应个人发展和社会发展为根本着眼点。因此，终身体育参与必须做到因地制宜、因人而异，不同的人应结合自己的实际选择具体锻炼内容、方式、方法等，并将其融入日常的生活、学习、工作中。

在现代社会生活中，人们为了改善生活质量，根据自身条件合理选择适合的体育方式，做到有的放矢，具有较强的针对性。

在高校体育教育教学中，体育教学的内容选择、方法运用都应为丰富学生的体育知识和提高学生的体育技能服务，不断增强学生的终身体育意识和终身体育能力。如此，在大学生毕业进入社会后，也能持续参与体育健身锻炼。

3."终身体育"与体育教育

（1）"终身体育"与学校体育教育的相同点

①共同的体育目标——育人

体育具有多元教育价值，无论是"终身体育"参与还是体育活动参与，其最终目标都是实现体育运动者的体育、智育、德育、美育等多元教育价值，更好地促进运动参与者的健康全面发展。

健康的身体是其他健康的前提条件。学校体育教学就是要培养学生的"终身体育"意识与能力，以为人的一生更好地实现个人价值和社会价值奠定健康基础。

②共同的体育手段——健身

"终身体育"活动和体育教育都是通过体育运动健身参与来实现体育的教育价值的，个体行为最终也都落实在体育健身活动上。"终身体育"强调个体应养成终身参与体育锻炼的习惯，在人生的每一个阶段都积极参与体育健身锻炼。体育教学以学生的身体练习为主要手段，通过身体活动促进身心、社会性全面发展。

③共同的体育任务——掌握体育知识，提高运动能力

个体的"终身体育"健康参与，离不开科学体育知识的指导，离不开体育健身锻炼实践活动的参与。体育知识与体育技能的掌握，也是高校体育教学的重要任务。只有掌握这两方面内容，才能更加科学地从事体育健身实践活动，通过身体力行的体育活动参与，实现运动者身心健康的全面发展。

(2)"终身体育"与学校体育教育的区别

①体育参与时限不同

"终身体育"贯穿人的一生，学校体育只负责学生在校期间的体育教育。

②体育教育对象不同

"终身体育"以全社会所有成员为教育对象，学校体育以在校学生为教育对象。

(二)"终身体育"教学理念指导下的高校体育教学

1. 转变体育教学思想

"终身体育"教学思想指导下的高校体育教学，应该在教学内容、教学方法、教学评价等方面做到以培养和提高学生的体育终身意识和能力为标准，通过与学生日常生活、学习、工作关系更密切和关联程度更大的体育项目教学，培养学生的运动习惯，而不是仅仅关注学生的运动技能掌握情况。

高校体育教育教学中，教师应将体育教学标准的制定从单纯和过度关注技能指标的思想观念中解放出来，多关注学生的体育价值观、体育态度、体育意识、体育行为习惯，才能真正有针对性地开展体育教学，实现"终身体育"教育。

"终身体育"教学理念是高校体育教学改革的指导思想，也是高校体育教学发展的落脚点。

2. 重视学生"终身体育"意识的培养

个体体育活动参与行为的实现，必须建立在对"终身体育"教育理念有一个正确认识的基础上。"终身体育"意识是高校大学生主动进行体育学习、体育参与的重要内部驱动力和动机。

当前社会，社会节奏快、生活压力大，每个人都面临着各种各样的生理和心理负担，要获得高质量的生活，就必须确保身心健康发展。体育运动能有效促进运动者的身心保持良好的状态，"终身体育"对于学生的身心素质发展具有重要的促进作用。学生走进社会之后，在社会上面临的各种压力并不比学生时代少，甚至要更多。体育健身锻炼是一种身心压力释放、身心健康状态重塑的过程，对运动者保持良好身心状态迎接生活、学习、工作挑战是非常重要的，它可以有效提高个人生活质量，提高学习、工作效率。

参与"终身体育"活动对于个人的社会性发展具有重要的促进作用。大学生坚持体育健身锻炼，能有效增强身心适应能力，可以在毕业步入社会后更好地适应社会，提高自己抗击压力的能力。

现代高校体育教学要培养学生的"终身体育"意识，这就要求教师做好以下教育引导工作。

第一，引导学生树立正确的体育价值观。

第二，端正体育学习态度。

第三，将素质、技能、知识、能力等教育内容渗透到"终身体育"教育中。

第四，通过体育教学丰富学生的体育知识、体育技能，提高"终身体育"参与能力，为"终身体育"锻炼奠定基础。

3. 丰富"终身体育"教学内容的设置

学生的个体差异性决定了学生体育兴趣爱好的不同、所适合从事体育运动项目的不同、所渴望学习体育运动知识与技能的不同，因此，高校体育教学中，不能只追求学生某一特定运动技能和运动的熟练程度，而是重视学生的不同体育发展需求，尽可能地丰富体育教学内容，使体育教学内容、层次多样化。

"终身体育"教学理念指导下的体育教学内容丰富化的要求如下。

第一，延伸与拓展学校体育课堂教育，使学校体育向"终身体育"延伸。

第二，课程目标设置应在充分了解与分析学生现状的基础上，以体育课程"终身体育"教学目标为导向组织体育教学。

第三，选择体育课程内容时，应重视对休闲体育项目、时尚体育项目的引入，开展能够激发学生体育兴趣和潜能的体育活动。

4. 关注学生需求与社会需求的统一

"终身体育"旨在为学生提供健康的生活态度与生活方式。对于任何人来说，身体健康都是个体适应现代社会生活、工作、发展的必要条件。

高校体育中"终身体育"教育理念的贯彻，就是要在培养符合社会发展的合格人才的基础上，促进学生的个性化发展，实现学生社会价值与个人价值的共同发展。高校"终身体育"教育对学生需求与社会需求的统一性实现，要求做好以下工作。

第一，重视国家需要、社会需要与学生个体需要的有机结合。

第二，明确学生需要与社会需要的地位。这是正确处理学校体育发展与社会需要适配性的关键问题。

第三，重视体育教育健身价值与人文价值的实现，重视体育知识、体育技能、体育习惯的培养。

第四，围绕学生开展体育教学，充分满足学生的学习和发展需求。

第五，全面提高大学生的体育素养，以符合社会发展对人才体质、体能、知识、精神、道德的要求。

"终身体育"教育有四个支柱，即"学会认知、学会做事、学会生活、学会生存"，但应充分考虑"终身体育"与"以人为本""健康第一"的有机结合。

第二节 高校体育教学模式

一、高校体育自主教学模式

（一）自主教学内涵

自主教学是指学生在教师的指导下，主动参与学习过程，根据自身的兴趣、能力和学习目标，自主选择学习内容、学习方法和学习步骤，进行自主学习和自主探究。它强调学生的主体地位和自主性，培养学生的学习兴趣、学习能力和学习动力，促进学生综合素质和创新思维的发展。

自主教学的内涵包括以下几个方面。

（1）学习目标的自主确定

学生可以根据自身需求和兴趣、能力水平和未来发展方向，在教师的指导下制定符合实际的学习目标。

（2）学习内容的自主选择

学生可以根据自身的兴趣和学习需求，在教师提供的学习资源和学习材料中自主选择适合自己的学习内容。他们还可以通过多种渠道获取学习资料，自主阅读、研究和探究。

（3）学习方法的自主探索

学生可以尝试不同的学习方法和学习策略，根据自身的学习风格和特点，选择适合自己的学习方法。他们还可以通过试错和反思，不断调整和优化学习方法，提高学习效果和效率。

（4）学习过程的自主管理

学生可以自主安排学习时间和学习计划，合理规划学习任务和学习进度。他们可以制订学习计划，设计学习日程表，将时间分配给不同的学习活动，并进行自我监控和评估，及时调整学习策略和计划。

（5）学习成果的自主评价

学生可以对自己的学习成果进行自主评价，通过自我评价和同伴评价了解自己的学习进展和学习效果。他们可以反思自己的学习过程，总结经验和教训，为进一步学习提供参考和指导。

（二）自主教学模式的特点

关于自主教学，目前学界并没有一个严格的定义，大致上可以理解为：运用形式丰富的教学手段，引起学生学习的欲望，进而对学习内容进行自发性、连续性的发散学习行为。具体到我国高校的体育教学中，可以将其定义为：在教师基本教学活动的基础上，学生针对自身情况选择学习方法，自我监控、自我调整、自我评价，最终实现体育教学目标的教学方法。根据自主教学的描述，我们不难发现它具有以下主要特点。

1. 主观能动性

主观能动性在自主教学模式中起着重要作用。自主教学模式强调学生的主动参与和自我管理,培养学生的学习动力、学习能力和学习兴趣。

(1) 自主选择学习内容和方式

学生可以根据自身兴趣、需求和能力选择学习内容和学习方式,从而激发学习的主动性和积极性。他们可以参与制订学习计划和目标,自主选择学习资源和教材,探索适合自己的学习方法和策略。

(2) 自主学习和自我评价

学生在自主学习中扮演着主角,他们可以根据自己的学习需求和进展,自主安排学习时间和学习进度。同时,学生可以对自己的学习成果进行自我评价和反思,从而不断调整学习策略和提高学习效果。

(3) 自主探究和创新

自主教学模式注重培养学生的创新能力和探究精神。学生可以通过自主探究和实践活动,发现问题、解决问题,并在教师的指导下进行创新性的体育活动和项目设计。

(4) 自主合作和交流

在自主学习中,学生可以自主组织学习小组或合作团队,进行合作学习和交流分享。他们可以相互支持和协作,共同解决问题和实现学习目标。

通过培养学生的主观能动性,自主教学模式可以激发学生的学习兴趣和动力,提高学习的有效性和深度,培养学生的自主学习能力和终身学习意识,从而更好地适应未来学习和发展的需求。

2. 教学有效性

自主教学模式的特点是将学生置于学习的中心,激发学生的主观能动性和积极性,使他们成为学习的主体。自主教学模式鼓励学生独立思考、自主探究、自我管理和自我评价,培养学生的学习能力和解决问题的能力。通过自主学习的过程,学生能够更深入地理解和应用知识,提高学习效果和成绩。

自主教学模式中学习效果优秀的学生往往具备以下几个特点。

（1）具有自主学习意识

优秀学生具备自我学习的意识和习惯，他们懂得在课堂之外主动寻找学习资源，进行额外的学习和阅读，能够明确自己的学习目标，并制订相应的学习计划。

（2）主动参与和思考

优秀学生在课堂上能够积极参与讨论和思考问题，提出自己的见解和观点，与教师和同学积极互动。他们善于提问，主动探索深层次的知识及其实际应用。

（3）独立解决问题

优秀学生具备独立解决问题的能力。他们能够分析和理解问题的本质，并寻找合适的方法和策略来解决问题。同时，善于运用已有的知识和技能，探索新的解决途径。

（4）反思和调整

优秀学生擅长对自己的学习过程进行反思和评估，能够及时调整学习策略和方法，不断改进学习效果。他们善于总结经验和教训，为未来的学习提供指导。

因此，自主教学模式的运用能够促使学生发展出良好的学习习惯和学习能力，培养他们的自主学习意识和自主解决问题的能力，从而提高学习效果和学校体育教学质量。这也是自主教学模式被广泛应用于体育教育的重要原因之一。

3. 相对独立性

首先，自主教学模式强调学生在学习过程中的自主性和主动性，鼓励他们主动思考、自我管理和自我评价。与传统的自学相比，自主教学模式更加注重学生学习过程中的规划和组织，教师在其中扮演着引导者和支持者的角色。自主教学模式强调教师与学生之间的互动和合作，教师通过提供指导、资源和反馈，帮助学生更好地自主学习。

其次，自主教学模式在学习过程中强调了分享与交流的重要性。学生在自主学习中，通过与教师和同学的合作和交流，分享学习心得、解决问题的方法和策略，促进彼此之间的学习与成长。这种合作和交流的过程能够激发学生的思维，促进深层次的学习理解和知识应用。

最后，自主教学模式中的学生独立性是相对的。学生在自主学习过程中，仍然需要教师的指导和支持。教师在制定教学目标、设计教学内容和评价学习成果等方面发挥重要作用，同时提供适当的教学资源和指导，帮助学生达到预期的学习效果。因此，自主教学模式中的独立性建立在教师和学校的支持与引导之上。

综上所述，自主教学模式更加注重教师的引导与帮助、学生之间的分享与交流，以及学生在学习过程中自主性和主动性的培养。自主教学模式中的学生独立性是相对的，需要教师和学校提供适当的支持和指导。这样才能更好地设计和实施符合教学实际的自主教学模式，促进学生学习效果和学校体育教学质量的提高。

4. 情感丰富性

情感教育的兴起确实强调了情感因素在教育过程中的重要作用，并将情感视为促进学生全面发展的重要因素。

情感对于教学具有明显的影响作用。学生的情感状态会直接影响他们的学习积极性、学习动力和学习态度。积极乐观的情感能够促使学生更加主动地参与学习活动，提高学习效果；消极压抑的情感则可能导致学生的学习动力下降，情绪低落，甚至影响到学习成绩和学习兴趣的形成。

在自主教学模式中，学生的主观能动性得到积极调动，同时给予了他们更多的情感表达和展示的机会。这种模式下的课堂氛围更加轻松活泼，学生可以更加自由地表达自己的想法和情感，与教师和同学之间形成更加积极的互动关系。教师的引导和支持，以及同学之间的互助共享，都可以激发学生的积极情感，增强他们对学习的兴趣和投入度。

自主教学模式还为学生提供了展示自己的机会。通过展示成果和分享经验，学生可以获得他人的认可和肯定，从而进一步增强自信心和积极情感。这种积极情感的释放和引导，有助于促进学生学习动力和学习效果的提高，同时也有助于建立良好的师生关系和促进教学的有效进行。

综上所述，运用自主教学模式，教师能够促使学生积极释放情感，表现出丰富且积极的情绪。这种正面的情感状态有助于激发学生的学习动力和兴趣，改善课堂氛围，促进教学效果的提高。通过实施自主教学模式，教师和学生之间能够建立更加密切的互动关系，增强情感交流，进一步促进教学和学习的良性发展。

5. 范围有限性

自主教学模式并不适用于所有教学内容和情境，特别是对于高精尖项目或教学资源集中的学科，可能需要采用其他教学模式或方法。

每个学科的教学目标都有其独特性和特定要求。在体育教育领域，确实存在一些与其他学科不同的特点。高校体育教育的目标通常是培养学生对体育的认识和热爱，促使学生形成积极的心态和坚持锻炼的习惯，以提高国民的综合身体素质。因此，在高校体育教学中，灵活性和自由度是可行的，不必拘泥于常规的教学模式。

尽管自主教学模式可能不适用于所有教学内容，但它仍然可以作为一种教学方法或思维借鉴。即使在高校体育教学中，也可以借鉴自主教学模式中注重学生主体性和自主性的特点，鼓励学生积极参与学习，发挥主观能动性，并提供更多的选择和自主决策的机会。同时，教师仍然发挥重要的指导和辅助作用，帮助学生达成教学目标。

因此，教师在教学实践中需要根据具体教学内容和学科特点，综合考虑采用不同的教学模式和方法，以实现最终的教学目标。在高校体育教育中，存在一定的灵活性和自由度，教师可以根据实际情况选择适合的教学方式，提高学生的学习效果。

（三）高校体育自主教学模式的构建

1. 构建策略

（1）强化学生自主学习的理念

要改变学生对体育课的传统观念，提升他们对体育课的理解和认识，并体会到体育锻炼对身体素质的重要意义,教师可以采取以下策略。

①教育宣传:向学生传达体育课的本质和价值,强调体育锻炼对身体健康和综合素质培养的重要性。可以组织体育知识竞赛、举办健康讲座等,增加学生对体育课程的认知。

②实践体验:安排多样化的体育活动和锻炼项目,让学生亲身体验体育锻炼的乐趣和好处。通过参加各种体育运动、团队合作和比赛等,学生能够感受到身体素质的提升和交际能力的增强。

③引导思考:通过提出问题、讨论和案例分析等方式,引导学生思考体育锻炼对身体素质、健康和个人发展的重要影响。鼓励学生发表自己的观点和体会,促使他们正确认识自己的身体状况和学习需求。

④自主学习培养:鼓励学生制订个人学习目标和锻炼计划,培养他们自主学习的意识和能力。教师可以提供学习资源和指导,同时引导学生学会自我监控和调节,根据自身情况调整学习策略和方法,评估学习效果并进行反思。

⑤激发学生兴趣:通过丰富多样的教学内容和教学方法,激发学生对体育课程的兴趣和参与度。引入创新的教学手段,如运用科技工具、游戏化学习等,提升课堂的活跃度和趣味性,激发学生的学习热情。

通过以上措施,教师可以帮助学生改变对体育课的传统观念,树立正确的学习态度和自主学习意识,实现对身体素质的全面提升。

(2)打造"自主选择"的体育学习模式

在高校体育学生的自主学习过程中,教师应充分尊重学生的选择和决策,并提供适当的引导和支持。以下是一些关键方面,需要在实践中注意。

①学生自主选择学习时间:学校应提供一定的灵活性,让学生能够根据自身情况选择适合自己的体育学习时间。这可以通过课程安排的灵活性、选修课程的设置以及课程自主教学模式的引入来实现。

②学生自主选择学习内容:学校应提供丰富多样的体育学习内容,让学生根据自己的兴趣和需求选择。可以设置不同的选修课程或模块,让学生在允许的范围内自由选择感兴趣的内容学习。

③教师的监督和管理：虽然是自主学习，但教师仍然需要在学生学习过程中进行监督和管理。教师应设定明确的学习要求和标准，并及时给予学生反馈和指导。教师还可以组织学生交流和分享，促进彼此之间的学习成长。

④引导学生选择适合自己的学习方法：教师应帮助学生了解不同的学习方法和策略，让学生根据自身情况选择适合自己的学习方法。教师可以提供示范、演示和指导，同时鼓励学生尝试不同的学习方法，培养他们科学选择学习策略和解决问题的能力。

总体而言，教师在高校体育学生的自主学习中扮演着引导者和支持者的角色，鼓励学生积极参与自主学习过程，并提供适当的指导和反馈。同时，充分尊重学生的选择和决策，促使学生更加主动、积极地参与体育学习，从而提高学生的学习效果和学习体验。

2.建立并完善科学合理的自主教学模式

建立科学合理的自主教学模式是发展高校体育自主学习的基础。为此，教师应该彻底改变高校体育教育的教师本位思想，将学生作为教学的核心，所有的教学活动围绕学生展开。构建这样的教学模式，应该考虑到以下一些因素。

（1）组织引导系统

在高校体育自主教学模式中，组织引导系统起着至关重要的作用。以下是一些关键方面，需要在实践中加以注意。

①宣传自主教学模式的理念：教师应向学生介绍自主教学的理念和基本模式，让学生了解自主学习的重要性和益处。通过宣传，学生逐步认识、感知并接受这一新兴教学模式。

②激发学生的参与热情：组织引导系统应通过丰富多样的形式激发学生对自主学习活动的参与热情。可以通过展示优秀的自主学习案例、举办自主学习竞赛或活动、邀请成功的自主学习者分享经验等方式，引导学生积极参与自主学习，对学习产生深入理解和挖掘的欲望。

③教师的组织和规划：教师在组织引导系统中起着核心的作用。教师需要对教学目标进行宏观设置和整体把控，进一步将目标细化为整体目标和阶段性

目标，并根据目标设置规划相应的课程与教学手段。教师还需要快速抓住学生的注意力和兴趣，通过吸引人的教学引入方式，引导学生进入学习状态。

④设计课堂教学引入环节：在组织引导系统中，课堂教学的引入环节十分重要。教师可以选择与教学内容紧密相关且引人入胜的话题、案例、视频等，激发学生的兴趣和激情。比如，引入精彩的奥运比赛、街舞、扣篮进球集锦等内容，能够吸引学生的注意力，增强学生对体育学习的兴趣和投入度，为后续的自主学习打下良好的基础。

通过组织引导系统的有效实施，教师能够促使学生更加积极地参与自主学习，培养学生的自主学习能力和学习兴趣，从而提高学生的学习效果和学习体验。

（2）学习系统

学习系统的建立和完善，是自主学习模式的核心组成部分。以下是对学习系统内容和方式的补充。

①后续配合内容：在学生选择学习内容之后，教师可以通过设立期末体育检测并增设考核学生自主选择的项目来配合学习系统。这样的考核方式能够鼓励学生认真选择学习内容，充分结合自身实际情况。学生在学习过程中会更加努力，因为他们知道自己的选择会直接影响到他们的考核成绩。

②学习方式的讨论和选择：教师可以组织学生讨论采用何种学习方式进行教学，这样可以充分发挥学生的主观能动性和参与性。通过集体讨论和综合考量意见，教师可以根据学生的建议和意见采取适合的教学方式。这种方式可以增加学生的参与度和对学习过程的认同感。

③反思、总结和寻求帮助：学习系统应鼓励学生通过反复练习不断反思和总结自己的学习成果，同时也应鼓励学生向同学和教师寻求帮助。学生在学习过程中可能会遇到问题或困难，他们应该学会主动地向他人寻求帮助和指导，以便更好地完成学习任务。

通过以上的补充内容，教师可以更全面地建立和完善学习系统。这样的学习系统能够充分激发学生的学习动力，提高学生的学习效果和主动性，同时也能够增强学生对学习内容和方式的选择权与控制权,促进学生自主学习能力的发展。

(3)过程控制系统

过程控制系统是自主教学模式的关键环节,它包括帮助模块和监管模块。

帮助模块的目的是解决学生在自主学习过程中遇到的问题。这种帮助可以通过多种形式进行,包括教师的指导、学生之间的互助和小组内外的交流。通过帮助模块,学生可以在学习过程中及时获得解答和指导,从而避免问题累积影响学习效果。

监管模块是确保教学的正常进行和教学目标的实现。教师需要通过监管掌握学生的学习情况,及时调整教学计划和自主教学模式,以确保教学的顺利推进。监管模块可以通过开座谈会、学生小组讨论等形式进行,这样可以及时了解学生的学习动向,发现问题并进行纠正和调整。

过程控制系统的有效建立,可以保证自主教学活动按照既定模式发展,确保教学目标的实现。它为学生提供了解决问题和获得支持的机制,同时也为教师提供了监督和调整的手段。缺乏过程控制系统,可能导致自主教学模式混乱和偏离教学目标。

因此,组织一个完善的过程控制系统,对于自主教学模式的实施至关重要。教师应当充分利用帮助和监管模块提供的支持和指导,及时纠正和调整不当行为,确保学生在自主学习过程中取得良好的效果。

3. 分层教育法的选用

分层教育法是一种将学生群体重新划分的教育模式,它更加注重学生的个体差异和特征,更具灵活性和个性。在高校体育教育中,采用分层教育法可以解决传统教育模式无法满足学生多样化需求的问题。

传统的高校体育往往将学生分为专业和非专业类进行教学,但这种分类方式忽视了学生的个体差异和兴趣爱好的多样性。采用分层教育法,教师可以根据学生的兴趣、体育基础和发展方向将学生进行更细致的划分,并为不同层次的学生提供相应的教学内容和方式。例如,对于那些对体育运动充满热情并希望接受专业培训的非体育专业学生,可以提供专业化的培训课程;而对于其他非专业学生,可以根据他们的兴趣爱好和身体素质,提供更加灵活的体育选修课程。这样可以满足学生的个性化需求,提高学生学习的积极性和效果。

分层教育法还可以促进学生的自主学习和发展。根据个体差异和发展需求,学生可以更加自主地选择适合自己的学习内容和方式,更好地发展自身的体育技能和兴趣爱好。同时,教师可以根据不同层次学生的需求,提供个性化的指导和支持,帮助学生实现学习目标。

总之,分层教育法在高校体育教育中具有重要意义。它可以更好地满足学生的个性化需求,提高教学效果和学生学习的积极性。因此,在高校体育教育中引入和推广分层教育法,是一种有益的探索和实践。

4. 建立科学、人性化的考核模式

传统教学考核模式主要采用"评分制"和"及格线"来评价学生的学习成绩,通常对学生的测试成绩进行打分,并以是否达到及格线作为评价标准。虽然近年来随着素质教育的发展,体育教学考核的手段和内容得到了丰富,更加多样化,但仍然存在一些问题。

首先,统一的及格线不能准确反映学生的个体差异和体育综合素养实际情况。学生的身体机能和体育水平存在差异,仅仅根据固定的及格线进行评价,可能无法客观、准确地反映学生的真实水平。

其次,仅以是否及格作为评价标准过于粗略,对于学生的学习进步和教学方法的调整缺乏明确的指导作用。传统的评价模式无法提供详细的反馈和指导,无法帮助学生了解自身的优势和不足,并进行有针对性的学习改进。

最后,传统考核方式可能会削弱学生的自尊心,对于部分学生来说,未能达到及格线可能会对其自信心和兴趣产生负面影响,甚至对体育教学产生抵触情绪。

为了完善自主教学模式,在体育教学考核环节,教师可以尝试采取更加人性化和科学的方式。例如,可以引入个性化的评价方法,根据学生的实际情况和目标设定个性化的评价标准;同时,提供详细的评价反馈,帮助学生了解自身的优势和不足,并提供有针对性的学习建议和改进方向。此外,注重学生的综合素养和过程评价,不仅关注学习的结果,更关注学生的学习过程和发展。

总之,高校在体育教学考核环节应该积极探索和尝试更加科学和人性化的评价模式,以更好地促进学生的自主学习和发展,同时提供有效的支持和指导,推动自主教学模式的实施和发展。

5. 积极扩展课堂外延

将体育教学从操场上引入普通教室、多媒体教室和网络化教室等,可以丰富教学方式和提供更多的学习资源。例如,在跳高教学中,传统方式可能只是简单示范和学生练习,但对细节动作和技巧的理解可能有限,而通过在多媒体教室播放跳高比赛的视频,学生可以更直观地理解动作和技巧的正确执行方式。在普通教室中组织讨论,也能激发学生的学习热情,促进知识和经验的交流与共享,有助于自主学习的开展。

开展第二课堂活动也是促进学生自主学习的有效方式。比如,定期举办篮球比赛、乒乓球比赛、羽毛球比赛等活动,可以吸引学生的参与和投入。为了在比赛中表现出色,学生会精心准备和进行大量的练习。这个过程不仅提高了学生的体育技能,还推动了他们对相关体育知识和技巧的学习与研究,促进了自主学习的发展。

综上所述,将多种教室和课堂元素引入体育教学,如多媒体教室、普通教室以及开展第二课堂活动,有助于教师为学生提供多样化的学习资源,激发学生的学习兴趣和参与度,促进自主学习的开展。这样的教学环境和活动可以更好地支持学生自主学习,提升教学效果。

6. 加强现代科技与自主学习的结合

(1) 加强 CAI 系统与体育教学的结合

CAI 系统凭借其多媒体功能和互动性,可以提供丰富的教学资源和直观的学习体验。

在体育教学中,动作的连续性和快节奏性给传统的教学讲解带来一定的挑战,学生难以完全理解和把握动作的难点与易错点。借助 CAI 系统,教师可以通过播放相关视频来展示整套动作和流程，为学生提供直观的印象。以广播体操为例，教师可以播放权威机构制作的标准动作示范视频，并在此基础上给学生讲解动作要点，这样学生能够更直观地理解动作的正确执行。

对于动作中的难点，CAI 系统可以提供暂停、慢放、定格、反复重放等功能，让学生有机会仔细观察和理解动作要领。同时，教师可以组织学生讨论，确保学生真正理解动作的关键点。这样的学习环境能够更好地帮助学生掌握体操动作，并提供个性化的学习支持。

综上所述，借助 CAI 系统，教师在体育教学中播放相关视频，提供多媒体功能，增强互动性，可以为学生创造直观、丰富的学习体验。通过这种方式，学生能够更好地理解和掌握体育动作，提高学习效果和质量。

（2）逐步推广新兴课件化教学系统

课件化教学系统是一个非常有用的工具，可以在体育教学中为学生提供形象生动的学习内容。以篮球教学为例，篮球运动的剧烈性和复杂的规则给传统的讲解教学带来了一定的难度，而课件化教学系统可以通过图像、视频等元素制作出生动的课件以解决这些问题。

在课件中，教师可以通过图像和视频的展示来呈现篮球动作的步骤和技巧。例如，在教学投篮动作中的"单手肩上投篮"时，教师可以使用 Flash 动画分解关键动作，如蹬、伸、屈、拨等，让学生清晰地了解每个步骤的执行方法。此外，还可以设计 Flash 小游戏，让学生通过互动的方式进一步巩固所学内容，加深对投篮动作的理解和印象。

课件化教学系统的自创性和灵活性，使得教学内容更具人性化，教师可以根据学生的学习需求和兴趣进行个性化设计。通过多媒体元素的运用，课件化教学系统可以使学生更直观地理解和掌握篮球技术，激发学生的学习兴趣，并提供丰富的互动和参与体验。

综上所述，课件化教学系统在体育教学中能够提供形象生动的教学内容，通过图像、视频和 Flash 等元素，更好地呈现篮球技术的动作步骤和要领，激发学生的学习兴趣和参与度，提高教师的教学效果和学生的学习质量。

（3）搭建网络教学平台

网络教学平台在高校教育中已经得到了广泛应用，具有便利性且在不断完善。在体育自主教学模式中，搭建一个网络教学平台，可以为学生提供更广阔的学习资源和交流平台。

通过网络教学平台，学生可以及时获取学习资料和信息，如教学视频、教材、练习题等。学生还可以根据自己的学习进度和需求自主学习，不受时间和空间的限制。同时，通过网络平台，学生可以与教师和同学在线讨论和交流，分享学习心得、解答疑惑，促进彼此的学习进步。

网络教学平台还可以用于学生的作业提交、教师的作业批改和反馈，以及课程的在线考试和评估，让学生及时了解自己的学习情况和教师的评价。

总的来说，搭建一个体育自主学习网络教学平台，可以有效地支持和促进学生的自主学习，提供丰富的学习资源和交流平台。高校可以充分利用校园网络软硬件设备，加快网络平台建设，使其在体育教学领域发挥更大的作用，增强学生的学习效果和体验。

二、高校体育快乐教学模式

（一）概述

1. 快乐体育的基本要素

（1）兴趣

快乐体育需要建立在对体育活动感兴趣的基础上。当个体对体育活动产生浓厚的兴趣时，参与其中的体验和乐趣将会更加丰富和深入。

（2）自由

快乐体育强调个体的自主选择和自由参与。个体应该能够根据自身的兴趣和需求，自由选择参与的体育项目和方式，而非被迫或被限制。

（3）愉悦

快乐体育强调身心愉悦的体验。体育活动应该让个体感到愉快、放松和享受，而不是过分强调竞争和压力。

（4）交流

快乐体育注重人际交流和团队合作。个体在体育活动中可以与他人互动、合作和交流，增进友谊和团队意识。

（5）成就感

快乐体育强调个体的成就感和自我价值的提升。个体通过参与体育活动取得进步和成就，可以提升自信心和满足感。

（6）健康

快乐体育与个体的身体健康密切相关。通过体育活动，个体可以增强身体素质，促进身心健康，并享受健康带来的快乐。

综上所述，快乐体育的基本要素包括兴趣、自由、愉悦、交流、成就感和健康。这些要素相互交织，共同构成快乐体育的核心特征，旨在使个体在体育活动中获得快乐和全面发展。

2.快乐体育教学模式的基本内涵

快乐体育教学模式是一种注重学生主体地位和学习积极性的教学理念，其基本内涵包括以下几个方面。

（1）学生的主体地位

快乐体育教学模式将学生置于教学的中心，强调学生在学习过程中的积极参与和主导作用。教师应充分尊重学生的个体差异和兴趣爱好，以学生的需求为导向，根据学生的特点和能力制订教学计划，并提供相应的支持和指导。

（2）兴趣与动机的激发

快乐体育教学模式注重激发学生的学习兴趣和内在动机。通过创造积极的学习环境、设计有趣和具有挑战性的学习任务，以及提供及时的反馈和认可，教师可以帮助学生建立起对体育学习的积极态度，形成持续的学习动力。

（3）多样化的学习方式

快乐体育教学模式鼓励多样化的学习方式和方法。除了传统的课堂教学外，教师可以采用小组合作、问题导向、探究式学习等方式，培养学生的批判性思维、解决问题的能力和团队合作精神。同时，借助技术手段和多媒体资源，教师还可为学生提供丰富的学习材料和多样化的学习体验。

（4）自主学习与反思

快乐体育教学模式倡导学生的自主学习和自我反思。学生被鼓励主动参与学习过程，思考问题，提出观点，探索解决方案，并对自己的学习进行评价和反思。教师可以提供指导和支持，帮助学生建立自主学习的能力和习惯，培养自我管理和自我发展的能力。

（5）快乐体验与成长

快乐体育教学模式注重学生在体育学习中的快乐体验和全面成长。教师应通过创造积极的学习氛围和开展丰富的学习活动，让学生享受运动的乐趣，培养健康的身心素质，发展综合能力，提高自信心和自尊心。

3. 快乐体育的实施原则

（1）学生为中心

将学生置于教学的中心，尊重学生的个体差异和兴趣爱好，关注学生的学习需求和发展特点。

（2）兴趣导向

激发学生的学习兴趣和内在动机，设计有趣和具有挑战性的学习任务，使学生享受学习过程，提高学习积极性。

（3）多元化学习方式

提供多样化的学习方式和方法，包括小组合作、问题导向、探究式学习等，以满足学生的不同学习需求和学习风格。

（4）自主学习与反思

培养学生的自主学习能力和习惯，鼓励学生思考、探索和反思，促进学生的自我发展和成长。

（5）快乐体验与全面发展

创造积极的学习环境和开展丰富的学习活动，让学生享受运动的快乐体验，促进学生在身体、心理、社交等方面的全面发展。

（6）激发创造力和创新精神

鼓励学生独立思考、勇于表达，培养学生的创造力和创新精神，提高学生的问题解决能力和批判性思维。

（7）个体化关注和指导

关注每个学生的发展需求，提供个体化的指导和支持，帮助学生克服困难，实现个人潜能的发展。

（8）教师角色的转变

教师应成为学生的引导者、促进者和支持者，激发学生的学习热情，提供适当的指导和反馈，推动学生成长和发展。

遵循这些原则，实施快乐体育教学模式，可以使体育教育更加符合学生的需求和发展要求，提高学生的学习积极性和整体发展水平。

（二）体育游戏与快乐体育教学模式重构

1. 体育游戏的内涵

体育游戏作为一种社会现象，既具有体育活动的特征，也具有游戏活动的特征。它通过规则和目的的引导，结合身体练习和思维练习，旨在促进个体的身心全面发展，具有娱乐性和教育意义。体育游戏的定义可以总结为以下几个要点。

（1）有组织性

体育游戏是按照一定的目的和规则进行的，具有一定的组织性和结构性。它可以在个人、小组或团体之间进行，有明确的参与者和组织者。

（2）以身体练习为基本手段

体育游戏强调身体的参与和运动，通过身体练习实现游戏的目的。它包括各种身体动作、技能和技巧的练习，如跑步、跳跃、投掷、接球等。

（3）促进全面发展

体育游戏的目的是促进个体的全面发展，包括身体、智力、情感和社交等多个方面。通过身体练习和思维练习，它可以培养和提高个体的各种能力和素质。

（4）娱乐性和教育意义

体育游戏注重娱乐性，通过游戏的形式和规则，使参与者感到愉悦和享受。同时，它也具有教育意义，可以培养个体的品格、道德、合作精神等，提高个体的综合素养。

体育游戏理论在游戏研究和体育教学中具有重要地位。它为体育游戏的设计、组织和评价提供了理论支持，有助于推动体育游戏的发展和应用。

2. 体育游戏的特征

（1）游戏性

体育游戏是一种具有游戏性质的活动。它包含明确的规则和目标，并通过参与者的竞争或合作来实现这些目标。游戏性质使得体育活动变得有趣和具有挑战性，吸引人们参与并享受其中。

（2）身体练习

体育游戏以身体练习为基本内容，通过各种身体动作和技能练习促进身体的发展和提高。它包括跑步、跳跃、投掷、接球等各种动作和技巧。通过身体练习，参与者可以提高自己的体能水平和运动技能。

（3）有组织性

体育游戏具有一定的组织性和结构性。它可以在个人、小组或团体之间进行，有明确的参与者和组织者。游戏中的规则和组织形式使得参与者能够有序地进行活动，遵循共同约定的行为准则。

（4）全面发展

体育游戏追求参与者的全面发展。它不仅关注身体的发展，还关注智力、情感和社交等方面的发展。通过体育游戏，参与者可以培养和提高自己的各种能力和素质，包括身体素质、智力水平、团队合作能力等。

（5）娱乐性和教育意义

体育游戏既具有娱乐性，使参与者感到愉悦和享受，又具有教育意义。它可以培养参与者的品格、道德、合作精神等，提高他们的教育价值和素养。体育游戏通过娱乐性和教育意义的结合，使参与者在游戏中获得身心的满足和成长。

这些特征使体育游戏成为一种受欢迎的活动形式。它不仅在娱乐和休闲领域得到广泛应用,也在体育教育、团队建设和健康促进等方面也发挥了重要作用。

3. 基于体育游戏的快乐体育教学模式重构措施

(1) 贯彻"安全""健康""娱乐"三者统一的教学指导思想

在体育活动中,学生的身体和心理健康是至关重要的,体育教学应该以促进学生的身体素质和全面发展为目标。同时,娱乐作为一种活跃身心、增加乐趣的方式,也是体育教学中不可或缺的因素。

这三方面相互联系、不可分割。安全是课程完成的基础,是确保学生健康成长的基本保障。健康是体育课程的根本目标,要让学生通过锻炼方式提高身体素质,达到健康的目的。娱乐则是在保障安全的基础上,通过活跃身心的方式增加课程的趣味性,进一步促进学生的身心健康。

将安全、健康和娱乐统一起来,确实是一个好的教学指导思想。在快乐体育教学中,安全、健康和娱乐相互融合,以更安全、更健康、更娱乐的方式完成课程,使学生在保障安全的前提下享受体育活动的乐趣,获得身心健康的教学效果。这种综合的教学指导思想,有助于促进学生全面发展,并培养他们对体育活动的积极兴趣和参与度。

(2) 设立增强体质、促进人格完善的教学目标

科学合理的体育活动对身体健康有着显著的促进作用。学生积极参与体育运动的过程中,不仅身体得到锻炼,还能激活思维,提高创新能力。体育活动所提供的环境也对学生的个性社会化和人格完善起着积极的影响。通过培养学生的认知能力和促进个性社会化,体育课程能够促进学生全面发展。

当前,社会对人才的需求不断增加,提高人才的基本素质成为学校的重要任务。在基础课程中,体育课程的目标之一就是培养学生的身体素质和健康能力。随着社会的发展和课程要求的改变,体育课程的转变也趋向于注重学生能力的培养,尤其是动手能力的提升。快乐体育的融入,使学生更好地参与课

程，激发学生的思维和动力。在环境因素的影响下，学生在课堂上得到身心锻炼，促进身体和思维方式的发展，从而实现体育课程教学目标。

综上所述，体育活动不仅有益于身体健康，还对学生的认知能力、个性社会化和人格完善产生积极影响。

（3）建立"丰富多样"的教材体系和"因材施教"的教学方法

①教材内容的多样性：教材应该设计得富有多样性，以满足学生不同的兴趣、需求和能力水平。可以结合学生的实际情况和学习特点，提供多样化的教材资源，包括不同难度和类型的教材内容，以便学生选择适合自己的学习内容。

②学习目标的明确性：教材体系应该根据学生的个体差异，为每个学生设定明确的、个性化的学习目标，让学生根据自身能力和需求选择适合自己的学习目标，并根据目标制订相应的学习计划和策略。

③弹性的教学方法：教师在教学中应采用灵活多样的教学方法，根据学生的个体差异和学习需求因材施教。可以采用个别辅导、小组合作学习、项目驱动学习等教学方法，以满足学生不同的学习方式和学习节奏。

④不断反馈与调整：教师应定期对学生学习情况进行评估和反馈，了解每个学生的学习进展和困难所在，并根据学生的反馈和表现及时调整教学方法和策略。通过与学生的密切互动和进行个性化指导，教师可以帮助学生克服学习困难，提高学习效果。

⑤教师专业素养的提升：教师需要具备良好的教学能力和专业素养，能够根据学生的个体差异灵活调整教学策略和方法。教师还应不断提升自身的教学能力，关注学生的个性化需求和发展，积极寻求专业培训和学习机会，不断更新自己的教育理念和优化教学方法。

通过以上措施，建立因人而异的教材体系和选择因材施教的教学方法，教师可以更好地满足学生差异化的学习需求，促进学生的全面发展和快乐学习。

（4）不断创新以促进学生身体发展为目标的教学内容

为了不断创新以促进学生身体发展为目标的教学内容，教师可以考虑在以下几个方面发力。

①提供多样化的运动项目：涵盖不同的体育项目和运动形式，如球类运动、田径、健身操、舞蹈等，以满足学生的兴趣和需求。可以根据学生的特长和喜好，开设特色项目，鼓励学生积极参与。

②进行创意性的活动设计：将游戏、竞赛、合作等元素融入教学内容，激发学生的参与热情和创造力。例如，设计有趣味的挑战性任务、开展团队合作项目等，让学生在活动中体验快乐与成就感。

③培养综合素质：教学内容应注重培养学生的综合素质，包括身体素质、协调能力、团队合作能力、领导能力等。通过多种形式活动和项目的开展，教师要提供机会让学生多参加体育锻炼，培养这些素质，促进身体的全面发展。

④坚持实践与应用导向：将教学内容与实践和应用相结合，让学生在实际活动中运用所学知识和技能，通过模拟比赛、实地探索、社区服务等活动，将理论知识转化为实际应用能力。

⑤创新教具和技术支持：运用创新的教具和技术支持，如运动传感器、虚拟现实技术、智能设备等，增加学生的参与度和互动性。利用这些工具，教师可以创设更丰富、更有趣的教学环境，激发学生的学习兴趣和动力。

⑥进行个性化教学：根据学生的个体差异和发展需求，教师提供因材施教的教学内容。教师可以关注学生的特长和潜力，为其提供个性化的运动训练和指导，帮助学生发展潜能。

（5）建立以教师为主导、教师与学生共同为主体的学习共同体

建立以教师为主导、教师与学生共同为主体的学习共同体可以通过以下方式实现。

①建立良好的师生关系：教师应积极与学生建立良好的互动和沟通关系，尊重学生的个体差异和需求，关注他们的成长和发展。教师应成为学生的引导者、启发者和支持者，为学生提供指导和支持。

②鼓励学生参与决策：教师可以鼓励学生参与教学决策的过程，如教学内容的选择、活动的组织和评价方式的优化等。学生通过参与决策的过程，可以

感受到自己的主体地位和责任，增强学习的积极性和主动性。

③提供学习机会和资源：教师应为学生提供多样化的学习机会和资源，包括参观实践活动、参与比赛、使用多媒体教具等。通过提供丰富的学习经验和资源，教师可以很好地激发学生的学习兴趣和创造力，培养学生的主动学习能力。

④引导学生合作学习：教师可以组织学生进行小组合作学习，通过小组讨论、合作项目等方式，促进学生互动和合作。教师在其中充当引导者和协调者的角色，帮助学生形成积极的学习氛围和合作关系。

⑤鼓励学生自主学习和自我评价：教师应鼓励学生进行自主学习和自我评价，培养学生的自我管理和自我反思能力。教师可以提供学习指导和资源支持，同时引导学生对自己的学习进行评价和总结，以促进学生自主学习能力的发展。

通过以上方式，建立以教师为主导、教师与学生共同为主体的学习共同体，可以实现教师与学生的积极互动，促进学生主体性的发展，提高教师的教学效果和学生的学习体验。

（三）高校快乐体育教学模式的应用

（1）设计多样化的体育课程

多样化的体育课程包括各种体育运动项目、健身活动和团队合作游戏等。课程内容设计应注重学生的兴趣和需求，让学生在体育活动中体验到快乐和成就感。

（2）引入游戏化元素

游戏化元素包括设置挑战关卡、设立竞赛规则、设计奖励系统等，可以激发学生的参与积极性和竞争意识，增加乐趣和动力。

（3）鼓励学生合作与交流

组织学生进行小组合作学习和团队活动，培养学生的团队合作精神和沟通能力。同时，鼓励学生交流和分享，促进彼此间的合作和学习。

（4）提供多样化的学习环境和资源

在提供设备齐全的体育馆、健身房、运动场的同时，引入先进的科技设备和教学工具，如虚拟现实技术、智能健身器材等，可以增强学生的学习体验和参与度。

（5）转变教师的角色

教师在快乐体育教学模式中扮演引导者和激励者的角色，鼓励学生发挥主体性和创造性，提供指导和支持。同时，教师应注重学生的个体差异，因材施教，关注学生的发展需求。

（6）组织丰富多彩的体育活动

组织运动会、体育比赛、户外探险等活动，可以让学生在参与体育活动中体验快乐和成就感，激发他们对体育的兴趣和热爱。

应用快乐体育教学模式，高校可以提升体育教学效果，增强学生的学习体验，促进学生身心健康全面发展，并培养他们积极参与体育活动的习惯和意识。

第三节　高校体育网络教学模式

一、概述

（一）相关概念

1. 网络教学

网络教学是指利用互联网和网络技术进行教学活动的一种方式。它运用网络平台、在线教育工具和多媒体技术，将教师和学生连接在一起，实现信息的传递、知识的共享和学习的互动。

网络教学具有以下几个特点。

（1）跨时空性

学生可以根据自己的时间安排和所在地点，随时随地学习。教师和学生之间不再受制于传统教室的限制，可以进行异地教学。

（2）个性化学习

网络教学为学生提供了更多个性化学习的机会。学生可以按照自己的学习节奏和需求，选择适合自己的学习资源和学习路径，进行个性化学习。

（3）多媒体交互

利用多媒体技术，教师可以运用图文、音频、视频等多种形式呈现教学内容，丰富教学方式，增强学生的学习体验，提高了教学效果。

（4）协作学习

网络教学为学生提供了协作学习的平台。学生可以通过在线讨论、合作项目等方式，与教师和同学交流和合作，共同学习和解决问题。

（5）实时反馈

网络教学中，教师可以通过在线作业、测验和讨论等方式，及时了解学生的学习情况并提供反馈。学生也可以随时向教师求助和提问，得到及时指导和支持。

（6）资源丰富性

通过网络，教师和学生可以获取丰富的教学资源和学习资料，包括电子书籍、学术论文、教学视频等。这为学生学习提供了更广泛的知识来源和学习材料。

网络教学的发展和普及，为教育提供了更多的可能性和便利性，使教学更加灵活、多样化和适应个体差异化。它已经成为现代教育中不可或缺的重要组成部分。

2. 教学管理

教学管理是指对教育教学活动进行组织、协调和监督的一系列管理活动。它涵盖教学目标的制定、课程设计、教学组织、教学过程管理、师生管理等方面，旨在提高教学质量，促进学生学习和发展。

教学管理的主要任务如下。

（1）制定教学目标

教学管理者根据教育政策和学校的教育目标，制定符合学科特点和学生需求的教学目标，明确学生应该达到的知识、能力和素养。

（2）课程设计与教材选择

教学管理者协助教师进行课程设计，确定教学内容、教材和教学方法，保证教学内容的科学性和适应性。

（3）教学组织与教师管理

教学管理者负责教学时间的安排、教室的分配，协调教师的教学任务和教学资源的分配，确保教学工作的顺利进行。同时，对教师进行管理和指导，提供教学培训和专业支持。

（4）教学过程的监督与评价

教学管理者通过课堂观察、教学评估和学生反馈等方式，监督和评价教学过程的质量，提供针对性的建议和改进措施。

（5）学生管理与学业辅导

教学管理者协助班主任和辅导员，负责学生的管理和辅导工作，关注学生的学习情况和发展需求，提供个性化的学业指导和帮助。

（6）教学资源管理

教学管理者负责教学资源的获取、分配和管理，包括教学设备、图书馆、实验室等资源的规划和利用，以提供良好的教学环境和条件。

教学管理旨在优化教学过程，提高教师教学效果和学生学习成果。它需要教育管理者具备良好的教育理论和实践能力，能够灵活运用管理理论和方法，有效组织和管理教育教学活动，推动学校教育事业发展。

3. 网络教学管理平台

网络教学管理平台是指利用网络技术和信息化工具，用于管理和支持教学活动的平台。它具有在线课程管理、学生学习管理、教学资源管理、教师管理和评估等功能，可为教育机构和教师提供教学管理工具和全方位支持。

网络教学管理平台的主要功能包括以下内容。

（1）在线课程管理

教师可以在平台上创建和管理课程，包括课程设置、课程大纲提供、课时安排等。学生可以通过平台查看和参与在线课程。

（2）学生学习管理

教师可以追踪学生的学习进度和表现，提供个性化的学习指导和支持。学生可以在平台上查看课程内容、提交作业、参与讨论和进行在线测试。

（3）教学资源管理

平台提供教学资源的存储和共享功能。教师可以上传和分享课件、教学视频、练习题等教学资源，学生可以方便地获取和使用这些资源。

（4）作业和考试管理

教师可以在平台上布置和批改作业，进行在线考试和测验。学生可以通过平台提交作业和参加考试，教师及时反馈和评估学生的表现。

（5）教学交流和互动

平台提供讨论区、消息通知和在线聊天等功能，教师和学生可以在平台上进行交流和互动，分享经验和解决问题。

（6）教学评估和反馈

平台可以收集和分析学生的学习数据，为教师提供教学评估依据和反馈信息，帮助教师改进教学方法和提高教学效果。

网络教学管理平台通过应用信息化技术，实现了教学过程的在线化和数字化，提供了更加便捷和灵活的教学管理方式。它能够增强教师和学生之间的互动和沟通，提供个性化的学习支持，促进教学质量的提高。同时，平台还具有数据分析和报告功能，帮助教育机构进行教学管理和决策。

（二）理论基础

1. 教育传播理论

教育传播理论是指研究教育信息和知识在传播过程中的规律和效果的理论体系。它探讨了教育者如何有效地传递知识和信息，以及学习者如何接收和理解这些知识和信息的过程。

在现代远程教育中，教育传播理论起着重要作用。远程教育的特点是教与学的异地分离，学习者通过媒体获得教育内容和信息。教育传播理论提供了指导远程教育教学设计和实施的原则和方法。

教育传播理论关注以下几个方面。

（1）教育信息的设计与传递

教育者需要根据教育目的和学习者需求，设计和组织教育活动，选择合适的媒体和传播方式，使信息能够准确、清晰地传递给学习者。

（2）学习信息的接收与理解

学习者在接收教育信息时，受到个人认知、学习背景和文化背景等因素的影响。教育者需要了解学习者的特点和需求，采用适合学习者接收和理解的教育方法和策略。

（3）教育媒体的选择与运用

不同的教育媒体具有不同的特点和优势，教育者需要根据教学内容和学习者需求，选择合适的媒体进行教育传播。教育者还需要熟悉和掌握教育媒体的运用技巧，提高教学效果。

（4）教育效果的评估与反馈

教育传播过程中，教育者需要对教学效果进行评估和反馈。评估可以通过学习者的学习成绩、学习反馈和教学评价等方式进行，从而及时调整和改进教育传播策略与方法。

教育传播理论为远程教育提供了理论基础和指导，帮助教育者更好地进行教学设计和实施。在远程教育中，教育者可以通过合理运用教育传播理论，提高教学效果，促进学习者的自主学习和知识获取。

2. 人本主义理论

人本主义心理学强调个体的自我实现和完整发展，关注人的认知和情感的统一，认为每个人天生具备学习倾向和内在潜力。好奇心则是一种促使学习发生的内在驱动力。

在网络教学管理平台中，个性化学习可以有效满足学生的个体差异和需求，为学生提供有针对性的学习资源和教学支持。通过个性化学习，学生可以按照自己的兴趣和需求学习，激发好奇心，增强主动性和参与度，从而更好地实现自我学习目标。

个性化学习通过灵活的学习方式和个性化的学习路径，激发学生的学习兴趣，提高学习的效率和质量。学生可以根据学习进度和需求，选择适合自己的学习内容和学习方式，从而更好地发挥自身的潜力，实现自我学习的目标。

个性化学习还可以促进学生自主学习能力的培养和发展。通过个性化学习，学生需要主动参与学习决策和学习过程的规划，培养自主学习的能力和意识，进一步激发学生的好奇心和学习动机。

综上所述，基于网络教学管理平台的个性化学习可以符合人本主义心理学的理念，以学生的自我实现为目标，通过激发学生好奇心和推动自主学习，促进学生的全面发展和提高学习效果。

3. 混合学习理论

混合学习理论的主要特点是将不同的教学手段和教学环境有机地结合起来，以满足学习者的不同需求和教学目标。在传统教学中，混合学习可以通过使用多种教学媒体、引入多样化的教学活动和组织形式来实现。在网络教学平台中，混合学习更加依赖技术工具和在线资源，将传统的面对面教学与网络学习相结合。

混合学习的主要目的是提供多样化的学习机会，让学习更灵活，以适应不同学习者的需求和学习风格。它能够充分利用传统教学的互动性和网络教学的便利性，使学习者在不同时间和地点都能够进行有效的学习。同时，混合学习也鼓励学习者更加积极主动地参与学习过程，通过合作学习、问题解决和实践活动等方式提升学习效果。

在混合学习中，教师的角色也发生了变化。教师不再是传统意义上的知识的灌输者，而是更多地充当导师和指导者的角色，引导学习者发现问题、解决问题，并提供个性化的学习支持和反馈。此外，教师还需根据学习者的特点和学习情况，合理选择和组织教学资源与活动，以最大限度地促进学习者学习效果的提高和学习者的自主发展。

总而言之，混合学习理论强调教学手段和教学环境的多样性与灵活性，通过综合运用不同的教学方法和技术手段，提供个性化的学习体验和支持，从而实现更有效的学习。网络教学平台为实现混合学习提供了有利的条件和技术支持，使学习者能够充分利用多元的学习资源和工具，更好地实现学习目标和进行自主学习。

4.绩效评价理论

绩效评价理论是组织依照预先确定的量化指标及评价标准，运用科学的评价方法，对评价对象的工作能力、工作业绩进行定期和不定期的考核与评价。在网络教学管理平台中，师生双方均可互相评价、互相监管。同时，引入第三方监管机制即教务部门对师生进行监管，既可以考核评价教师日常教学活动开展、课件资源上传、师生日常交流的情况，又能够对学生完成课程进度、日常考试、教师评议、学业等情况进行考核评价，在一定程度上督促师生双方有序地进行教学活动，保证教学活动顺利开展。

二、网络教学模式在高校体育教学中的应用

（一）网络技术在高校体育教学中应用发展的特点

（1）提供丰富的教学资源

通过网络教学平台，高校可以集中管理和提供大量的体育教学资源，包括教学视频、教学材料、案例分析等，丰富学生的学习内容和学习途径，提供更广泛的学习资源。

（2）促进个性化学习

网络教学平台可以根据学生的学习需求和兴趣，提供个性化的学习内容和学习路径，使学生能够根据自身特点自主学习，提高学习效果和学习动力。

（3）支持远程教学

通过网络技术，高校可以运用远程教学方式，将教学内容传递给不同地点的学生，克服时空限制，让学生提供更广泛的学习机会，使学生在任何时间和

地点都能够学习。

（4）提供互动和反馈机制

网络教学平台可以通过在线讨论、作业提交、在线测验等功能，促进教师与学生之间的互动和交流，及时给予学生反馈和指导，提高学习效果和学习质量。

（5）教学管理和数据统计

网络教学平台可以对学生的学习情况进行实时监控和数据统计，让教师了解学生的学习进度和学习成果，有针对性地进行教学管理和个性化辅导，提高教学效果和学生学习成就。

总的来说，网络技术的应用使得高校体育教学更加灵活、个性化和全面化，为学生提供了更丰富的学习资源和学习机会，促进了学生主动学习和终身学习能力的培养。这对于实现高质量的体育教学效果和促进学生综合素质的全面发展具有重要意义。

（二）网络时代在高校体育教学中的应用策略

1.适应信息化背景下高校体育教学改革的需要

网络技术在高校体育教学中的应用，确实给教师教学带来了许多优势和机遇。为了充分发挥网络技术在高校体育教学中的作用，高校需要采取以下几个方面的措施。

（1）加强网络基础设施建设

高校需要投入资金和资源，建设完善的网络基础设施，包括校园网的覆盖和升级、网络带宽的提升、教室和实验室网络设备的更新等，以确保网络技术的稳定运行和高效使用。

（2）开发和应用教育技术软件

高校应加大对体育教学软件的研发和应用，包括教学管理平台、在线学习平台、虚拟实验室等，以满足教学管理和学生学习的需求，提高教师教学效果和学生学习效率。

（3）建立和完善教师培训机制

高校需要为教师提供网络技术应用方面的培训和指导，使他们掌握相关的技能和知识，能够灵活运用网络技术进行教学活动，不断更新教学方法和技巧。

（4）推动教学资源共享和合作

高校之间可以建立教学资源共享平台，将优质的教学资源进行整合，提高资源的利用率和效益。同时，可以与其他高校和教育机构合作，共同开展教学项目研究，促进教师教学水平的提高。

（5）关注教学效果评估和质量监控

高校应建立科学的教学效果评估体系，通过数据分析和评估报告，及时了解教师教学质量和学生学习情况，发现问题并及时改进，提高教学质量和效果。

总的来说，高校体育教学中网络技术的应用需要全校的共同努力和支持。从硬件设施到教师培训再到教学资源的共享，每个环节都需要得到重视和推动。只有将网络技术应用与高校体育教学紧密结合，充分发挥网络技术的优势，才能实现高校体育教学的现代化发展，提高教学质量和效果，培养优秀的体育人才。

2. 改进传统体育教育模式，提高教学管理的质量和效率

在高校体育教学中应用网络多媒体技术，确实可以丰富教学内容，提高学生学习效果和活动参与度。通过网络多媒体技术，体育教学可以更加形象直观地展示体育运动的动作要领、技术要点和战术策略，使学生更好地理解和掌握相关知识与技能。此外，网络多媒体技术还可以为教师提供丰富的教学资源，如图文资料、视频教学、模拟实验等，帮助学生自主学习和实践探索，提升学习兴趣和动力。

网络多媒体技术的应用也能够促进多学科的整合和交叉，丰富高校体育教学内容。通过与其他学科如生物学、物理学、心理学等的结合，教师可以让学生更好地理解体育运动相关知识和原理，并将其应用于实际训练和比赛中。这

种跨学科的教学方式，能够培养学生的综合能力和综合素质，提高他们的学习适应能力和创新思维能力。

在高校体育教学管理方面，网络技术的应用也起到了积极作用。通过网络教学管理系统，学校可以实现对学生选课情况、课程进度、成绩评定等信息的及时掌握和管理，提高了教学管理效率和准确性。同时，网络技术还可以为教师和学生提供便捷的交流平台，促进师生之间的互动和沟通，以更好地进行教学指导和学生反馈。

然而，将网络技术应用于高校体育教学中也面临一些挑战和问题。首先，需要投入大量的资金和资源来建设和维护网络基础设施，包括网络设备、带宽等。其次，教师需要掌握网络应用技术，确保教学资源的有效利用和教学效果的提升。最后，网络技术的快速更新和发展，也要求教师和学生保持对新技术的学习和适应能力，以不断提高教学水平和更新教学内容。

3. 加强网络技术在体育教学中的普及与相关师资队伍建设

高校体育教师是高校体育教学活动的指引者和实践者，他们是否具备现代化的网络技术运用理念，直接影响到高校体育教学行为的效果。网络技术的应用，使传统的体育教学理念和方式都发生了转变，有效地促进了未来高校体育教学的改革，推动了高校体育教学现代化的发展。高校体育教师运用网络技术辅助教学，需要突破传统体育教学理念的束缚，不断促进体育教学理念的更新。这有利于高校体育教师提高网络教学技术等专业技能，有效建立现代化的体育教育教学理念，对体育教学效果以及教学模式和方法的提高有准确、积极的思想引导，实现高校体育教学的现代化。将网络技术全面应用于高校体育教学中，对体育教学的智能化发展、体育教师工作效率的提高和学生学习效率的提高，产生了极大的推动作用，有效发挥自身特性使高校体育教学发展符合当前信息化社会发展的要求，为高校体育教学效率的提高提供保障。

将网络技术应用于高校体育教学，使得高校体育教师的教育职责不仅仅停留在体育课堂教学上，拓宽了体育教师在课堂之外与学生交流的渠道，可以在课堂之外方便快捷地解答学生遇到的学习问题。高校体育教师还应及时对体育教学网络素材库进行建设与完善，为高校体育教学提供良好的网络支持平台。这些都需要体育教师转变传统体育教学理念，熟练掌握将网络技术运用于体育教学之中的特性。现代化的体育教学技术对学生的体育学习有积极的促进作用，能够更好地增强学生的学习效果。实现这些，就需要高校体育教师把现代化的体育教学技术合理地应用到体育教学实践中，为高校大学生自主学习和合作交流提供良好的学习环境，从而更好地培养学生的创新能力和合作精神。

高校应及时建立完善的体育教学网络技术管理激励制度，为高校体育教学更好地应用网络技术提供保障。高校体育教学管理制度应随着网络教学技术的发展进步而不断更新，持续优化，构建科学的高校体育教学管理体系。此外，要及时建立高校体育现代化教学技术运用的有效激励制度，如设立行之有效的奖励措施，并将其纳入高校评定考核体系之中，引导教师积极利用网络多媒体技术制作体育教学课件和开展教研活动。对于优秀的体育教学课件，学校要及时给予相应的奖励，充分调动教师在体育教学中运用网络技术的积极性，使教师及时掌握新的现代网络教学技术，积极促进高校体育教学的现代化发展。

第三章　高校体育教学内容和方法

第一节　高校体育教学内容

21世纪的教育是培养全面发展的"完整人"的教育。随着这种教学理论的不断发展，体育教学在学校教育中的地位不断提高。由于体育教学内容是体育教学的载体和依据，因此，在开展体育教学的时候，教师应尤其注重对教学内容的梳理和编排。

体育教学所涉及的内容素材很多，加上这些素材主要来自生活、军事、文艺等方面，因此体育教学内容素材具有多功能性。由于体育教学涉及的因素较多，所以它又具有复杂性。从对体育教学内容的分析可知，虽然体育教学内容各素材之间缺少逻辑性的联系，但是由于它们均来自实践，是对实践的总结和归纳，因此，各素材有着自己的层次和类别。

一、体育教学内容概述

体育教学内容是体育教学工作者进行体育教学时的主要参考，在体育教学中占据非常重要的地位。

而且，体育教学内容涉及的知识点较为繁杂、宽泛，对于任何的体育教学工作者，体育教学工作都必须建立在对体育教学内容充分了解的基础上。

（一）体育教学内容的概念

体育教学内容是依据国家总的教育方针和社会对体育教学的要求形成的，通过对学生身体条件和学校教学条件的深入分析和研究，在体育教学环境下开展的体育锻炼活动。

体育教学内容是根据体育教学目标选择的，是根据学生的发展需要以及体育教学必备条件最终整理而成的。它会根据社会需求的发展而不断变化。

体育教学主要是针对教学对象大肌肉群的运动进行的，其具有很强的实践性，主要包括身体锻炼、运动型教学比赛、运动技能获取等。

诸如语文、数学、英语等学科知识的传授可以在教室内完成，学生可以通过对书本的反复研读，最终获得一定的知识和技能。但是对于体育教学而言，其所有的运动技能的传授，必须在体育教学活动中才能实现。

（二）体育教学内容与体育运动内容的区别

众所周知，体育教学内容是保证体育教学正常进行的有力保障，但是它与体育运动内容之间有着非常细微的差别。体育教育工作者或是研究者要清楚地掌握它们之间的差别，才能深入地了解体育教学内容。

1. 服务的目的不同

体育教学内容是以教育为主的，其服务的目的是促进学生身心健康发展，偏于理论性，对教学活动具有指导意义。体育运动内容是以提高竞技运动水平、夺取胜利为主的，其服务的目的偏重于教学内容的娱乐性和竞技性，对教学活动具有很强的实践性。

2. 内容的改造要求不同

随着时代的不断进步，体育教学内容需要根据时代变化和社会需求不断改变，以保证体育教学内容能够满足社会人才培养的需要。因此，要对体育教学内容进行必要的改造、组织和加工，而不必对体育运动内容进行这种改造。

（三）体育教学内容的特点

1. 功能具有多样性

体育教学内容起源不同，又受到所处文化形态的影响，这就决定了体育教学内容具有不同的功能，人们对体育教学内容的判断也必然会受到其传统起源的影响。因此，在进行体育教学的时候，教师要遵循因材施教的原则，这样才能保证体育教学的顺利进行。

2. 更新速度较快

体育教学对实践性的要求较高，所涉及的因素也非常多。受当前体育教学方针的影响，再加上体育教学受地域、经济、政治、文化等因素的影响较大，体育教学工作者在进行体育教学时难度较大。要想与时俱进地开展体育教学，他们就要根据社会需求不断地更新教学内容。

3. 各内容间是一种平行的关系

体育教学虽然涉及的内容较多，但是各内容之间没有太多的联系和牵制，各内容之间是一种平行的关系。如跑步和跳远之间就是相对平行的两个内容，在教学中，两者之间没有太大的联系。

4. 被赋予的教学任务不同

体育教学内容具有很强的时代性，不同时代的人对于体育教学的要求不同，每一种教学内容所承担的教学任务也就不同。如在体育教学中，开展各种体育锻炼是为了提升学生的体育素质，进行比赛是为了培养学生的团队精神、合作意识等综合素质。因此，在进行体育教学或是选择教学内容时，教师应该仔细分析教学目标，以便更好地梳理和选择教学内容。

（四）体育教学内容与教育内容的共性

体育教学内容是教育内容的组成部分，它与教育内容具有一些共性，这些共性主要表现在以下几个方面。

1. 教育性

体育教学内容是对受教育者进行身体健康教育和心理陶冶教育的参考。当体育教学研究者和教学内容组织者将众多的运动项目选为体育教学内容的时候，首先想到的就是这些运动项目本身所具有的教育性。体育教学内容的教育性主要体现在以下几个方面。

（1）有利于学生身心健康

体育教学是通过指导学生身体运动和参加一些竞技性的小组活动，以促进学生身心健康发展的一种教学活动。体育运动本身就是一种肌肉群的活动，它能够通过身体锻炼来增强学生的体质，通过开展各种小组教学活动和竞技类活动培养学生的综合素质。

（2）对学生成长具有积极的影响

体育教学内容主要是指一些具有深刻影响意义的内容，能矫正学生的心态，培养学生坚强的意志，影响学生价值观的形成，对学生的成长具有积极的影响。

（3）内容设计具有普遍性

体育教学内容面向教学活动中的全体学生，因此具有普遍性。所谓普遍性，是指教学内容要保证满足大多数人群的要求，这样才能实现教学进度的统一，有利于教学活动的开展和进行。

2. 科学性

由于体育教学是一种以学校教育为主要形式进行的有计划、有组织、有目的的教育活动，以教育和促进青少年的健康发展为主要目的，因此，体育教学内容也应该与学校教育范畴中的其他教学内容一样，保证其具有很强的科学性。经过多年对体育教学经验和教学内容的研究与分析，我们认为体育教学内容的科学性体现在以下几个方面。

（1）体育教学具有很强的针对性

体育教学的对象是广大青少年，其目标就是培养社会所需要的身心健康且全面发展的人才。体育教学内容也是对人类文明的反映和表现，体育锻炼的实践性使得人们不得不重视这一过程，因此，体育教学具有很强的针对性。

（2）教学内容符合学生需求

在筛选体育教学内容的时候，为了保证体育教学内容能够更好地为学生服务，体育教学研究者要科学选择教学内容，使其能够符合学生的身体发展需求和社会需求。同时，体育教学内容具有很强的指导性，可为教师教学提供参考和依据。

（3）遵循体育教学的规律和原则

任何一门学科的教学都要遵循其特定的规律和原则，这是保证教学目标顺利实现的基本条件之一。体育教学牵涉的内容较多，较为复杂，为了保证教学能够按照既定目标活动的方向进行，在选择教学内容时，教师应遵循体育教学中特定的规律和原则，保证体育教学的科学性。

3. 系统性

体育是一门繁杂的学科，不仅所涉及的内容较为繁杂，范围较为宽泛，而且对教学目标的要求也较高。因此，在梳理教学内容时，教师应该根据知识之间的系统性进行组织和安排。通过对体育教学内容的研究，我们可以发现，体育教学内容的系统性主要体现在以下几个方面。

（1）教学内容本身的系统性

体育教学内容虽然较为繁杂，但是每个知识内容之间又表现出一定的联系性和逻辑性，具有一定的系统性。如面向低年级的学生，首先应该培养学生的方向意识，通过"向左转、向右转、立定、向后转"等简单指令让学生形成明确的方向感，然后对学生进行各种体育教学内容的训练。

（2）体育教学目标的系统性

在体育教学中，教师需要根据体育教学的特点、学生的成长特点和教学环境等，深刻地认识体育教学过程和教学内容之间的规律性。必须根据学生的成长过程，系统地、有逻辑地安排各个年级的体育教学内容，并处理好它们的相互关系，将体育教学贯穿教学始终。这就是体育教学目标的系统性。

（五）体育教学内容的特性

体育教学内容除了具有与教育内容的共性之外，还具有很多专属于体育教学的特性。这些特性在体育教学中发挥着非常重要的作用，主要体现在以下几个方面。

1. 实践性

众所周知，体育教学内容主要是一些具有教育意义的运动项目，需要学生肢体和大肌肉群的共同作用才能完成。因此，运动实践是体育教学中一个较为突出的特点。一般学科都是通过教师的课堂讲授，加上听、说、读、写等一系列训练完成教学任务的，体育教学任务仅仅依靠听、说、读、写这种相对静态的方式是无法保证完成的,它需要在特定的场地通过一定的体育运动才能完成。虽然国家规定的体育教学目标包括对学生心理健康的教育,但是这种教育也是通过开展某种体育活动让学生体会到的。由此可见,体育教学内容具有实践性的特点。

2. 娱乐性

体育教学内容主要来源于生活、军事和艺术等方面。如武术来源于古代军营;体操、健美操、舞蹈来源于艺术行业;跑步来源于我们的日常生活。适当地参加运动或者竞赛活动会让参与者获得身心上的放松或者是身体上的改变。如篮球、足球、乒乓球等运动,能够丰富学生的业余生活,促进学生之间的交流,使学生在运动中获得快乐。这就是体育教学内容娱乐性的表现。

3. 健身性

体育教学的目的之一就是增强学生的体质,保证每位学生都能拥有健康的体魄。因为很大一部分的体育教学内容是以大肌肉群运动为形式的技能传授与练习,因此,很多能为身体带来动能的体育运动会增加学生身体中的运动负荷。再加上青少年正处于身体发育的关键时期,适当的体育运动能够促进他们的身体成长,提高他们的肺活量和身体承重力,不断地激发他们身体内部的潜能,达到强身健体的目的。

4. 开放性

体育教学和其他学科教学最大的区别就是,体育教学内容具有很强的集体性,注重对学生人际交往能力、团队合作能力等社会性能力的培养和提升。再加上体育教学内容涉及的很多运动项目需要小组或者是集体共同完成,并且需要全体成员充分地发挥自己的作用,从这一方面来看,其教学内容具有很强的人际交往开放性,有利于学生良好人际关系的形成。

二、体育教学内容的目标与要求

体育教学的内容来源于人类发展的各个时期,其教学内容的目标和要求都具有很强的时代性。这主要是因为,体育教学内容由当地民众的文化水平、地域气候条件、社会政治经济发展状况、生产力水平、科学技术水平等因素决定。

（一）传统性体育教学内容的目标和要求

传统性体育教学内容主要是指运用传统的教育方法对学生进行体育运动技能培训的一种形式，它是体育教学内容中一直存在的锻炼项目。虽然体育教学内容随着时代的不断更迭而持续变化，但是传统性体育教学内容因其积极的教育作用仍在教育界中占据很重要的地位。下面对部分传统性体育教学内容的目标和要求进行简单叙述。

1. 体育保健

体育保健教学内容的目标：通过传授体育保健基本知识和原理，学生深刻地认识到体育教学在人的成长过程中的重要作用，参加体育运动对国家、社会的重要作用，从而激发学生体育锻炼的使命感，使他们自觉地参加体育锻炼。除此之外，通过体育保健基本知识和原理的学习，学生能够了解一些体育学习的必要知识，形成对体育教学的正确认识。

体育保健教学内容的要求：体育保健教学内容的选择应该结合当前社会的状况、学生的实际需求等方面进行，精选一些对学生的实际生活和成长有较重要影响的体育运动项目，保证内容的真实性和目的性。同时，在对这类内容进行教学的过程中，教师要结合实际操作进行演示，益于学生掌握和接受。

2. 田径运动

田径运动是常见的运动项目，主要包括跑步、跳高、跳远、投掷等。田径运动教学内容的目标：通过这项运动，学生能够了解田径运动的一般规律和基本知识，清楚地认识到田径运动对他们成长过程中身体素质培养的重要意义，掌握一些与田径运动相关的基本原理和方法，掌握一些基本的田径运动技能，通过不断练习，达到增强体质的目的。

田径运动教学内容的要求：在设计田径运动教学内容的时候，不应该单单从竞技类运动的角度划分与分析田径运动的教学内容和作用，而应该从文化、运动特点、技能作用等方面设计和组织教学内容，这样才能让学生更科学地掌握田径运动的基本知识,并且将获得的田径运动知识和技能正确地应用到健身实践中去。由于田径运动会使肌体产生一定的负荷,负荷强度太高,会对肌体造成一定的损害,强度太低则达不到运动效果,所以在教学过程中,教师应该根据学生的身体特点灵活组织教学活动。

3. 体操运动

体操运动是体育教学的重要组成部分。由于它对人体的平衡和形体的训练有着非常积极的作用,体操这一运动颇受广大青少年的喜爱。体操运动教学内容的目标:第一,在教师的指导下,学生充分地了解体操运动文化,了解体操运动对人体健康的作用;第二,学生掌握一些基本的体操运动技能和方法,能够在日常生活中使用体操来锻炼身体;第三,学生能够安全地从事体操运动,掌握一些体操比赛的基本常识和技巧。

体操运动教学内容的要求:体操不仅能锻炼人体的平衡性、协调性和灵活性,而且能对学生进行心理方面的积极引导和教育。因此,要从竞技、心理和生理等多个视角对体操教学内容进行分析。在教学内容的编排上,要保证一定的层次性,不能总是停留在低水平的层次上。在教学过程中,教师要根据学生的身体特点,开展合理的训练。如对于平衡能力一般的学生,应该对其进行更多有关平衡能力的练习,做到因材施教,这样才能保证教学质量的提高。

4. 球类运动

球类运动是一种常见运动,主要包括足球、篮球、乒乓球等。由于球类运动是一项充满活力和竞技趣味的运动,因此,它很受当今青少年的喜爱。球类运动教学内容的目标:第一,让学生充分了解球类运动的基本概念和一些比赛规则;第二,使学生能够掌握球类运动的一些技能和技巧,以及参加球类运动比赛的基本技能和常识性知识。

球类运动教学内容的要求:球类运动虽然是一项群众性的运动,但其技巧和方法较为复杂,因此在筛选教学内容的时候,不能只对球类的单个技能进行教学,而忽视其与比赛之间的联系,否则就会失去球类运动的基本特性。同时,还要注意教学内容选择的顺序性与实战性之间的联系。在教学中,教师要注重对学生运动技能的训练和团队合作精神的培养。

5. 韵律运动

韵律运动其实就是一些类似于舞蹈、健美操、体操等的运动项目。它与其他运动最大的区别就是将舞蹈与运动相结合，在音乐节奏的作用下，实现了两者的完美结合。因此，韵律运动是当今女性尤其喜爱的一种运动。韵律运动教学内容的目标：使学生了解韵律运动的基本特征，了解从事这一项运动所应该遵循的基本原则和规律，掌握一些基本的技巧和套路。

除此之外，通过此课程的学习，学生塑造出优美的形体。

韵律运动教学内容的要求：因为韵律运动是一项表现运动，同时又是一项塑造形体的运动，不仅涉及音乐、艺术方面的因素，还涉及美学方面的知识，因此，韵律运动教学内容应该从学生审美观的培养、舞蹈音乐的了解和掌握等全方面和多角度地加以考虑。韵律运动教学内容还要强调对学生创新能力的培养。

6. 民族传统体育

民族传统体育反映一个民族发展的历史，代表着这个民族的精神和文化。通过对民族传统体育的了解和研究，我们将其教学内容的目标确定如下：第一，讲授民族传统体育内容，让学生对民族文化有更深的了解；第二，使学生学到民族传统体育的一些技能，既可以防身，又可以继承和弘扬民族文化，如中国武术。

民族传统体育教学内容的要求：在编排内容时，不仅要结合学生特点，考虑现代人的生活方式，而且要强调内容的文化性和实用性，特别是对民族传统体育文化背景和意义的介绍与揣摩。在教学过程中，教师要注意对学生学习兴趣的培养。

（二）新兴体育教学内容的目标和要求

随着社会的不断发展和科技的持续进步，不仅人们的生活水平日益提升，各国政治、经济、文化也得以迅速创新和发展。在此社会背景下，新的体育运动项目逐渐兴起。研究新兴的体育教学内容，有助于优化体育教学结构。通过对体育教学内容的不断研究和分析，我们将新兴体育教学内容总结如下。

1. 乡土体育

近年来，随着教育改革的不断深入，创新教育内容，不断对课程资源进行开发，得到了广大体育教学研究者的重视。一些具有积极锻炼意义、散发着浓烈乡土气息的运动项目重新登上体育教育的舞台。这类乡土体育运动的教学目标是：让学生对民间体育和民俗风情有更深的了解，掌握一些具有地区特色的民俗体育知识和技能，促进当地传统文化的继承和传播。

乡土体育教学内容的要求：由于这类体育项目来自民间，具有民俗文化的传播作用，因此，要注重其内容的文化性、安全性、锻炼性和规范性。同时，剔除一些不利于文化传播或是正能量传播的因素，摒除一些错误的实践。

2. 体适能与身体锻炼

随着社会对学生身心健康全面发展要求的不断提高，一些针对性较强的体育锻炼作为促进学生身体健康的运动被正式带进课堂。这些内容与教师对此运动的实践技能传授相结合，共同发挥着提高学生身体素质和运动素质的作用。体适能与身体锻炼教学内容的目标：体育教师应该通过这一部分的教学内容有效地锻炼学生的身体，让学生掌握更多实践锻炼和运动的原则与方法，更好地提升运动技能。

体适能与身体锻炼教学内容的要求：由于这是对学生体适能的锻炼，因此要结合学生身体素质的状况，遵循体育锻炼的基本规律，注意锻炼的针对性、科学性和时效性，同时注意内容应该符合国家规定的关于学生体质健康的实施标准。

3. 新兴体育运动

由于新兴体育运动的教学内容具有时代性，因此，教师在教学时要注意对体育教学目标的掌握。经过分析和研究，我们将新兴体育教学内容的教育目标总结如下：使学生掌握一些比较流行的体育运动文化，提高学生对新兴体育运动教学内容的兴趣，提高体育教学在终身教育方面的实用性，从而提高体育教学的质量。

新兴体育运动教学内容的要求：由于是一种新兴的体育教学内容，所以，在选用这种教学内容时，首先要保证其满足教学条件的基本要求，其次要注意体育教学内容的文化性、教育性、安全性和实践性，同时注意对教育内容的筛选，杜绝不利于学生成长的体育内容。

4. 巩固和应用类课程的基本教学内容

巩固和应用类课程的基本教学内容是新课标要求下的一种教学内容，是随着活动课程的发展而不断形成的。其教学内容的目标是：通过此类教学内容的学习，巩固学生有关体育教学的基本知识和技能，并能够将其与运动实践相结合，借此提高学生的体育锻炼技能以及参加体育活动方面的常识和能力。

巩固和应用类课程基本教学内容的要求：在选用教学内容时，应该注意将其与学科内容和体育教学内容完美地融合，同时注意对内容延展性和应用性的掌握，注意对学生创新能力和创新意识的培养，使学生能够进一步拓展所学习到的知识和技术。

（三）我国体育教学内容的发展和改革

1. 体育教学内容的发展趋势

体育教学内容都是从人们传统的生活方式和生活习惯中演变而来的。由于时代不同，体育教学内容也发生了不同程度的变化。我们将体育教学内容的发展趋势总结如下。

首先，正规的体育运动项目迅速兴起。人们对体育教学的认识以及重视程度逐渐提高。随着现代竞技体育运动的不断兴起和普及，它逐渐取代了乡土体育教学内容。

其次，对体育教师的要求较高。虽然随着新课标的推行，体育教学内容的数量正在不断减少，但是教学目标的强度不断加大，体育教学内容的难度也有所增加。这就要求承担体育教学工作的教师必须由受过专门体育训练的人员担任。

第三，体育教学的娱乐性因素在减少。随着教育事业的不断创新和发展，体育教学也在素质教育的推动下发挥了重要作用。目前，体育教学成为社会培养全面发展人才和具有健康体魄学生的重要途径。在这一背景下，体育教学逐渐淡去了本身具有的娱乐性，加大了对锻炼性的要求。

第四，运动器材逐渐正规化。体育运动已经作为一种正规的体育教学手段被推上教育的舞台，得到了足够的重视。随着科学技术的不断发展，一些新兴的、具有锻炼意义的正规体育器材，也被应用于教学情境中。

2. 体育教学内容的改革

通过上述对体育教学发展趋势的分析我们可以看出，体育教学内容虽然日益正规，但却很单调，技术难度在不断加大，娱乐性在不断减少。长此以往，学生会逐渐降低对体育运动的兴趣。针对这种情况，我们必须对体育教学内容进行改革。

首先，删除体育教学生硬化的内容。体育教学内容的生硬化将会使体育教学变得枯燥无味，降低学生对体育运动的兴趣，不利于教学效果的加强和教学质量的提高。因此，当前应该改变体育教学内容生硬化这一现象，使学生重新燃起对体育运动的兴趣。

其次，消解体育教学内容与学生社会体育活动之间的差异。体育教学内容的原型来源于人们的日常生活。也正因如此，将体育教学内容与学生社会体育活动联系起来，有利于学生掌握和巩固体育知识与技能。因此，应该消解体育教学内容与学生社会体育活动之间的差异，发挥体育教学群众性和实践性的作用。

接下来，提高学生的体育兴趣。兴趣是促进学生更好学习的催化剂。但是随着近几年体育教学内容去娱乐性的特点，很多学生觉得目前较为正规的体育教学变得枯燥无味，逐渐对体育学习失去了兴趣。这对于体育教学而言是非常不利的。因此，体育教学内容应该重视其娱乐性，提高学生对体育学习的兴趣。

最后，多增加一些具有民族性的体育内容。体育教学中应该多增加一些具有民族性的教学内容，提高学生对民族文化的认识，促进民族体育文化的传播。

三、体育教学内容的层次和分类

对体育教学内容层次和分类方法的研究，是对体育教材进行研究的基础，也是多年来我国体育教学尚未解决的问题，在实际教学中还出现了很多明显的分类错误。为了更好地解决体育教学内容中关于层次和分类的问题，下面对此进行深入研究。

（一）对体育教学内容分类的重要性

对体育教学内容进行分层次和分类研究的主要目的，是对这些内容进行整合和归类，据此加深人们对此内容的认识。它也是为了在体育教学中，便于体育教师对教学内容的梳理和讲授，建立更加清晰的体育教学内容体系，保证体育教学内容与体育目标之间的联系更加紧密，促进体育教学工作者对体育教学活动进行合理组织。

但是，由于体育教学内容较其他学科的教学内容具有很大的特殊性，再加上体育教学内容所涉及的知识较为复杂，因此，体育教学内容的分类一直是困扰体育教育工作者和研究者的主要问题。自从体育教学逐渐成为学校教学内容之一并受到普遍关注以来，体育教育研究者就对体育教学内容进行了很多不同的划分和研究。因此，体育教学内容的划分是一个多角度、较为复杂的工作。这主要是由体育教学内容的复杂性所决定的，也是由体育教学内容的多功能性、多价值性所决定的。

我国在体育课程和教材建设的过程中，也遇到了体育教学内容分类上的难题。虽然这是体育教育研究者一直致力研究和解决的问题，但是从目前来看，其结果不容乐观。这也直接影响了我国体育教学的发展和进步。

（二）体育教学内容分类的方法和层次

1. 分类方法具有多样性

体育教学内容的分类具有多样性。这种多样性主要取决于体育教学内容研究者观察与审视体育教学内容的角度和方向。因为体育教学内容较为繁多、复杂，因此在对其进行分类的时候，要多角度、全面地对内容进行整理，保证其内容设计的合理性和科学性。

2. 注意体育教学内容的层次性

为了避免体育教学内容分类繁多，可以先根据其不同的层次进行层次性的分类，然后在此基础上对其进行系统归类。这样的分类方法较为清晰明了，而且便于教学开展。例如，在进行篮球教学的时候，教师首先进行运球技术的教授和训练，然后进行传球技术、投球技术的训练。这样有层次的教授和练习，有助于学生对知识和技能的掌握。

（三）体育教学内容分类的注意事项

对体育教学内容进行分类的目的就是对内容进行科学的整理，使内容与教学目标之间无缝对接，实现教学目标、方法等的相互贯通，向体育教师更清晰地传达体育教学课程和教学内容的目的，从而指导体育教学的进行。由此可见，体育教学内容的分类和整理在教学过程中发挥着非常重要的作用。

1. 教学内容的分类要服从教学目标

体育教学内容的分类不是一成不变的，而是要根据社会和国家教育方针与教育目标的要求不断变化。教学目标是随着时代的变化和人们需求的改变而逐渐变化的，所以，固定的体育教学内容分类也是不存在的。体育教学内容的研究者和教材的编写者在对体育教学内容进行分类的时候，要不断更新自己的观念，关注社会体育教学目标的变化，使教学内容的分类更好地服从教学目标。

2. 教学内容的分类要具有科学性

体育教学内容的分类是体育教学过程的指导依据，是实现体育教学目标的根本保障。因此，对体育教学内容进行分类的时候，研究者要保证其符合教学大纲的根本要求和原则，同时要有科学的观念。这样才能保证体育教学内容的分类更好地指导体育教学的顺利进行。

3. 教学内容的分类要具有阶段性

体育教学贯穿学校教育的始终，但是个体的成长具有阶段性，不同年龄段的学生对知识和技能的接受能力不同，加之体育教学大纲对各年龄段学生的教学要求和目标是不同的,所以在对体育教学内容进行分类的时候,应当具有阶段性,结合学生身体发育的阶段编排教学内容。

4. 教学内容的分类应为教学实践服务

体育教学对实践性要求较高,实践性是体育教学的一个显著性特征。在进行体育教材分类的时候,首先应该对教材内容按照实践性的强弱进行适当的划分。对实践性要求较强的体育教学内容,多安排实践环节;对实践性要求较弱的内容,根据其性质多安排理论课程的讲授。这样才能让学生全面掌握教学内容的重点和难点。

5. 要明确教学内容的选编原则

随着社会对体育教学要求的不断提高,体育教育研究者要对体育教学内容进行调整和优化,保证体育教学内容更有利于学生的成长和发展。这首先需要保证体育教学内容的科学性。因此,体育教育研究者应该明确体育教学内容的选编原则。这也是进行体育教学研究的必备条件。

6. 掌握和了解体育校本教材

体育校本教材是体育教师在指导学生参加体育活动时的重要参考,也是教学内容的载体。无论是哪一个层次的体育教学研究,其都建立在对校本教材了解的基础上,要掌握当前体育教学的基本内容以及编写方案,为研究提供更多的理论基础和现实依据。

7. 研究和了解体育教案

体育教案是体育教师进行体育教学时的方案和计划,是体育教学能够进行的前提条件。开展体育教学研究,最终目的是提高体育教学质量,其中包括教师的教学方法和策略。对于体育教案的研究和了解,能够帮助体育教师认识到体育教学内容研究层次的划分方法和要求。

8. 了解和掌握体育教学条件

体育教学的实践性极强,为了保证体育教学任务的顺利完成,首先应该保证拥有良好的物质条件和适宜的教学环境。良好的物质条件为体育教学奠定了基础。例如，我们在开展体育教学的时候，学校需要提供诸如单杠、双杠、铅球、跳绳等一些能够保证体育运动项目顺利进行的物质条件。如果没有这些物质条件的依托，体育教学就会成为一纸空谈，无法落到实处，无法发挥其重要作用。适宜的教学环境同样也是体育教学的必备条件。学生只有在适合开展体育教学活动的环境中，才能真正融入体育教学活动。适宜的教学环境还能够确保学生在体育教学活动中的安全，避免不利于学生安全的事件发生。与此同时，适宜的教学环境能够促进师生之间的交流和互动，提高体育教学质量。因此，从事体育教学研究的时候，首先应该清楚地了解体育教学条件，在此基础上对所得的教学方案进行可行性研究和分析。

四、体育教材化及其内容

任何一个学科都要对其进行教材化研究，这是学校学科教学的根本特点之一。为了保证体育教学活动的正常开展，体育教育工作者应该重视对体育教材化的研究，为体育教学活动提供良好的教学素材，保证教学工作的正常进行。

（一）体育教材化的概念

许多体育教育工作者虽然深知体育教材化的重要性，但是由于我国对体育教学过程研究的经验不足，相关研究人才缺乏，我国在体育教材化的研究中仍然没有太大的进步。体育教材化的概念包括以下几层含义。

第一，体育教材化实际上是将体育教学过程中的素材进行筛选、加工、编排，最终使其成为教学内容的活动。这是体育教材化本质、基础的含义。

第二，体育教材化侧重于对体育教学内容的加工和整理，体育教材也是加工的成果。

第三，体育教材化是依据学生的学习目标，结合学生的身体发育特点和认知规律，以为学生创造有利的教学条件作为前提而加工完成的。

（二）体育教材化的意义

综观我国体育教学现状以及特点，会发现我国体育教学涉及的内容非常广泛。它们有的来自人们的日常生活，有的来自传统的习俗，有的来自军队，都是体育教学内容的良好素材。但是这种素材绝不能被简单地认为是体育教学内容。如果我们将体育教材等同于体育教学内容，那么就无法保证教学过程的目标一致性，因为体育教材只是体育教学内容的参考。在教学过程中，教师还应该根据体育教学的目标以及教学环境筛选教学内容。

我们将体育教材化的意义总结为以下几点。

第一，体育教材化是选择体育教学内容的依据和前提条件。在选择教学内容的过程中，教师可以选择一些与教学目标和学生的发展需要联系较为密切的知识，这样既避免了教学内容的繁杂，又避免了教学内容选择过程中目的性不强的问题。

第二，体育教材化是对较为宽泛的体育教学内容的加工，这样可以使体育教学素材更趋近于教学目标和教学实际，消除体育教学素材与体育教学内容之间的差异，使体育教学内容的选择更具目标针对性。

第三，体育教材化是对体育教学内容不断编排、整理、选择的过程，因此，通过体育教材化对教学内容的加工，所选择的体育教学内容具有整体性和系统性，体育教育工作者在教学过程中也能更好地发挥教学内容的教育作用。

第四，体育教材化能够通过对体育教学内容进行加工和整理，使得原本抽象的教学内容具体化，更容易将其融入教学活动，被学生接受，从而使得体育教学内容成为教学活动的依据，保证教学有条不紊地进行。

（三）体育教材化的层次

第一，编写体育课程标准和教科书的工作，这是体育教材化的第一个基本层次。体育教科书是体育教学活动的参考依据，任何一门学科的教学都需要教科书的指导。这个层次的工作一般由国家和地方的教育行政部门完成，因为这是整个国家和地区体育教学活动的参照。编写体育课程标准和教科书的工作，主要是根据教学目标和当今环境进行教材的分类和加工，然后将所得的成果编入体育教科书，供体育教学使用。

第二，依据课程标准和教学大纲以及教学目标，将体育教材变成学生学习的内容，这个层次的工作一般由学校的体育教研小组承担。体育教材中的有些教学内容只要求学生了解，有些教学内容需要学生掌握。因此，学校的体育教研小组需要结合体育教学目标以及不同年级学生的身心发展规律和特点，把体育教学内容进行细分和细化，使其在达成体育教学目标的大前提下，更加符合某一个班级或是某一层次学生的学习需求。

（四）体育教材化的内容

1. 体育教学内容的选择

体育教材化实际上就是对体育教材的整理和加工。所谓的整理和加工，就是从宽泛的体育教学素材中选择符合教学目标、满足学生身心发展需要和学校基本条件的内容。由于体育教学内容涉及的范围非常广，因此在选择教学内容时，应该遵守体育教学内容选择的原则和程序。

（1）体育教学内容的选择原则

要选择符合教学发展需要、目标针对性较强的体育教学内容，首先应该清楚体育教学内容的选择原则。它有以下五条。

①统一性原则。体育教学内容最终的服务对象是体育教学目标，因此，教学内容与教学目标要统一。它实际上是指所选择的体育教学内容要有其相对应的体育教学目标。如在体育课上要求学生进行一些诸如跑步、跳远等体育运动项目，实际上是为了增强学生的体能；让学生练习单脚站立，是为了提升学生的身体平衡能力；要求学生进行小组比赛，是为了培养学生的团队合作能力；等等。在选择体育教学内容时，要坚持教学内容与教学目标统一性的原则：一方面，能够保证所选择教学内容的科学性、安全性；另一方面，对学生而言，具有很强的身体锻炼价值。

②科学性原则。体育教学内容选择的科学性原则，实际上是指所选择的体育教学内容要有利于学生的身体发展，能够促进学生身体素质和运动技能的提高，所安排的教学内容要在学生的身体承受范围之内。在进行体育锻炼时，教师不能做出有损学生健康的行为。如不根据学生身体发展的特点对其实施超负荷的教学任务，导致学生身体的某项机能受到损害。所以，在选择体育教学内容时，要坚持科学性的原则。这主要包括两个方面：第一，能够促进学生身心

健康发展，有助于增强学生的身体运动能力；第二，保证教学环境和教学实施条件的安全性。

③可行性原则。可行性原则是教学内容选择的基础，是教学过程的基本要求。如果选择的教学内容不具有可行性，那么它就失去了意义。如一个没有足球场地的学校，要加强对学生足球运动技能的培养，这种教学内容是不具备可行性的，因为场地限制了这项教学活动的顺利开展。可以看出，可行性原则是指所选择的教学内容能够符合地区大部分学校的物质条件和教学能力以及学生实际情况的需要。再完善的教学内容，如果没有教学场地和各种器材的支持，也就不具备任何实用性的意义，都不应该被选中。

④趣味性原则。趣味性原则是指选择的教学内容要能激发学生的学习兴趣，使更多的学生参与其中。例如，很多学生喜欢上篮球课，这是因为篮球运动是当下最为流行的运动之一，学生可以借助这项运动充分展示自己的活力，并在运动中获得乐趣。从学生的角度而言，体育运动带来的乐趣是他们参加体育教学活动的动机和目的。只有保证教学内容的趣味性，才能提高学生的参与热情，使学生积极主动地参与到体育教学之中，进而提高体育教学质量。

⑤特色性原则。现在，很多的体育教学研究资料显示，将地域特色融入体育教学之中，不仅能够促进体育走进日常生活，还能不断开发体育教学特色，充分地发挥体育教学的创新性，提高学生对体育学习的热情。例如，因舞龙文化而出名的奉化地区，在选择体育教学内容时，就将舞龙作为教学内容之一。这大大提升了体育教学的地域特色，以较为贴近学生生活的教学内容，提升了学生对体育教学活动的参与热情。

换言之，学校开展体育教学活动的目的就是提升学生的体能。因此，在选择教学内容时，学校也要尽可能地与地域特色相结合，以增加体育教学的实效性。

（2）体育教学内容的选择程序

选择体育教学内容并不是盲目进行的，而是要依据一定的程序，这样才能保证所选择体育教学内容的科学性。在选择体育教学内容时，需要遵循一个可操作的、优化的原则。

①确立教学目标。教学目标在教学内容的选择过程中占据着非常重要的地位。在选择体育教学内容时，应该坚持教学内容与教学目标相统一的原则。如果某些教学内容与教学目标不统一，那么就应该将其剔除。如拳击，因为它对学生会造成一定的身体伤害，所以最好不将其置于教学内容中。

②确保健身性和安全性。为了保证体育教学目标的顺利实现，教师会根据教学目标和需求选择一些体育教学内容。但是有时候，这些体育教学内容并不能成为教学的最终内容，因为教学内容除了要符合目标性的原则之外，还要能够符合健身性和安全性的原则。这也是教学内容科学性的基本要求。例如前空翻，虽然这一教学内容符合体育教学目标的要求，但是因其在教学过程中存在安全隐患，所以应该剔除。

③判断教学实践的可行性。经过以上两个程序之后，接下来就应该判断这一教学内容是否具有实践的可行性。如果一种教学内容不具有可行性，那么即使再好，也没有任何意义。如保龄球运动，虽然符合教学目标的健身性和安全性这两个要求，但是几乎所有的学校都不具备开设保龄球课程的条件，所以这一教学内容不具有可行性，不应该出现在课堂教学之中。因此，判断教学内容的可行性，是教学内容选择的第三个基本程序。

④判断教学内容的趣味性。通过前面关于体育教学原则的介绍，我们已经清楚地了解到趣味性在体育教学中发挥的重要作用。如果一项体育教学内容不具有趣味性，那么将很难被学生接受。即使其满足以上三个程序的要求，但是最终也不能保证教学能够顺利开展以及教学目标的实现。如铅球运动，虽然这一教学内容满足以上教学程序的要求，但是这一教学活动枯燥无比，无法调动学生的参与热情。

⑤符合终身体育教学观念。学校体育教学是终身体育教学和社会体育教学的基础，因此，在学校体育教学活动开展过程中，学校要重视体育教学内容与社会和地区运动文化之间的关系，尽可能地把体育教学内容与社会和地区的体育教学文化相结合。这是体育教学内容选择的第五个原则。如在艳阳高照、气

温居高不下的南方开展滑冰运动，一方面不利于教学的开展，另一方面也不利于教学的基本操作，所以不应该将其置于教学内容中。

为了保证体育教学内容的科学性和可操作性，学校应该按照以上五个原则选择教学内容。

2. 体育教学内容的编辑

（1）体育教学内容的分类

因为体育教学涉及的内容较为宽泛，为了保证教学过程的系统性和整体性，在对体育教学内容进行编辑的时候，首先应该按照其特点和性质，进行简单分类。

（2）体育教学内容的编辑原则

体育教学内容大多源于人们的日常生活，涉及的内容也较多，因此，体育教学内容的编辑一直是体育课程和教学理论与实践的难题。体育教学内容的编辑一般遵循以下三个原则：一是以学科体系为依据，按照由易到难的层次编辑；二是以学生身心发展的规律为依据编辑；三是根据教学目的编辑。

（3）体育教学内容的排列方法

体育教学内容的排列实际上就是按照编辑的逻辑顺序进行的。因此，在内容排列过程中，所有内容都应该遵循学科知识特点和学生的学习逻辑，同时根据教学内容的特点，合理设置课时，并按照内容之间的递进关系，安排每一节课的教学内容。

3. 体育教学内容的教材化

经过选择和编辑两个步骤后得到的与体育运动有关的知识和内容，都是体育教学的素材。但是要将这些素材直接运用到课堂上，还需要一个环节的支持，那就是对体育教学内容的加工和改造。这一过程也是体育教材化的过程，最终将体育教学素材转化为体育教材，融入体育课堂之中。

从我国体育教学现状来看，我国在体育教材化方面已经取得了初步的成就。我国体育教材化的方法，主要有以下几种。

(1) 动作教育的教材化方法

动作教育是欧美国家体育教育思想和体育教材化的方法论，其特点是将一些体育竞技类运动按照人体运动所应遵循的原理加以归类，针对少年儿童进行教材设计，如体操、舞蹈等。这种教材的趣味性较强，操作较为简单，适用于低年级学生的学习。

(2) 游戏化的教材化方法

游戏化的教材化方法主要用于提升学生的学习热情，适用于比较枯燥和单一的运动。这种运动较难引起学生的学习兴趣。为了最大限度地激发学生的学习热情，可将这些枯燥和单一的运动通过一些游戏情境串联成游戏，从而提升参加者的兴趣。

(3) 理性化的教材化方法

理性化的教材化方法主要是为了帮助学生理解一些运动原理，在教学过程中将懂与会进行结合的体育教材化方法。它的主要特点是挖掘体育运动背后的原理和方法，以探究式和启发式的教学为依据，引导学生进行知识的学习。

除了以上三种常用的教材化方法外，我国还有文化化的教材化方法、生活化和实用化的教材化方法、简化的教材化方法和变形的教材化方法等。

4. 体育教学内容的媒介化

因为体育教学内容较注重实践性和科学性，因此体育教学内容的媒介化是体育教材化的最后一项工作。它实际上就是将体育教学素材进行选择、编辑、加工之后，最终将其变成嵌入某种教学媒体之中的教学内容，在教师和学生之间建立知识传播的媒介。

体育教学内容媒介化的载体一般为教科书、多媒体音像教材、多媒体课件、挂图、黑板板书和学习卡片等。通过它们，教师能够直观地将体育教学知识展现在学生的面前。

第二节　高校体育教学方法

体育教学方法是体育教学的重要组成部分,是体育教学研究的中心环节,是衡量体育教学质量的标尺。

一、体育教学方法概述

体育教师在开展体育教学之前,首先应当确定的就是体育教学方法,因为这是保证体育教学质量的关键因素。所以,教师在制订体育教学方案的时候,必须对体育教学方法相关知识有深入的了解。只有这样,才能清楚选择体育教学方法时的注意事项,制订出科学的体育教学方案。

(一) 教学方法和体育教学方法相关概念

教学方法是教师和学生为了实现共同的教学目标,完成共同的教学任务,在教学过程中运用的方式与手段的总称。它包括教师的教法和学生的学法两大方面,是教授方法与学习方法的统一。因此,教师需要根据教学内容、学生特点、学生接受能力和学习方法等选择合适的教学方法。不难看出,教学方法本身就是一个内容复杂的概念,有着不同的层次。

在体育教学方法的概念中,也有很多类似的问题。体育教师如果对体育教学方法没有清晰的理解,往往会因为对其内涵和外延认识上的不同而在选择体育教学方法的过程中产生诸多问题,影响教师的教学效果。

体育教学本身就是一种复杂的教学活动,对实践性的要求较高,因此,教学方法也是一个相对复杂的概念。从事学科教学方法研究的学者和专家对体育教学方法有不同的解释,但是由于每一种解释的主观性较强,所以虽然关于体育教学方法的概念较多,却无人能给出较为清晰的概念。

从本质来看,体育教学方法反映的是体育教学现状。再加上体育课程本身就有很多教学方法,比如体育锻炼法和运动训练法,而且每一种方法还包括很多不同的实施方法,因此,体育教学方法的概念就变得更加复杂。

(二)体育教学方法与教学行为之间的关系

教学行为是指教师在教学活动中的行动特征,教学方法是指教师在开展教学活动时运用的某种技术。

1. 教学方法和教学行为的区别和联系

(1)合理性上的区别

教学方法是教师掌握的教学技能。一般来说,教学方法除了使用不当之外,都是合理的、科学的,能够为教学带来一定的成效。教学行为有的是合理的,有的是不合理的,甚至有很多教学行为是错误的,不利于学生的身心发展。

(2)本质上的区别

教学方法是体育教师群体通过自己多年的教学实践总结出来的有规律可循的教学技术;教学行为是教师个体在教学中的一种偶然行为,具有随意性。

(3)两者之间的联系

教学行为是教师在课堂上所有动作和手段的集合,如某一学科的教师采用多媒体方式进行教学,然后又通过课堂提问的方式让学生自由阐述自己对某一教学内容的看法。

在这个教学过程中,教师选用的每一种教学方法、做出每一个动作都属于教学行为。由此可见,教学行为是教学方法的表现形式。

2. 对体育教学方法与体育教学行为区分不清的原因

无论是体育教师还是体育研究者,仍存在对体育教学方法与体育教学行为的区别不是十分了解的情况。出现这种情况的主要原因有以下几点。

(1)体育教学活动的实践性较强

体育教学活动的实践性较强,因此,行为和技术之间的区别并不像其他学科那么明显。这就模糊了体育教学活动与教学行为之间的界限。

(2)现实生活的干扰

随着我国经济水平的不断提高,人们对生活质量的要求也不断增加,体育锻炼成为人们日常生活的一部分。再加上体育教学方法与人们日常生活中的一些行为较为接近,甚至没有十分明显的差别,也干扰了对两者的区分。

(三) 体育教学方法的层次

当前,很多体育教学专家和教育工作者对体育教学方法概念的理解存在混乱的一个原因就是,对教学方法的空间界限定位不明,甚至不清楚体育教学方法具体包含哪些内容。[①] 其实,体育教学方法是有很多层次的。本书通过对体育教学的研究和分析,认为体育教学方法主要包括以下几个层次。

1. 教学方略上的层次

教学方略上的层次是体育教学方法中的上位层次,也可以说是体育教学方法的指导思想。它是指体育教师对学科专业和教学技能的理性思考、行动研究和实践反思。教学方略主要体现在对单元课程的设计上。例如,在体育教学中所采用的发现式教学法,实际上就是一种广义的体育教学方法的组合,是由提问法、组织讨论法、总结归纳法、实地测量法等多种教学手段组合而成的。

2. 教学方法上的层次

"教学方法"属于体育教学方法的中位层次,也可以称为教学技术,即狭义上的教学方法。它指的是体育教师使用的一种主要的教学行为方式。该层次的教学方法主要体现在教学活动中的某一个教学步骤或者某一种特定的教学活动中。

3. 教学手段上的层次

教学手段是体育教师为了达到某种教学目的而采取的教学行为,又称体育教学活动中的教学工具,属于传统定义上的教学方法的组成部分。它是体育教师在确保教学行为科学性和目的性的基础上所采用的一种较为有效的行为方式,主要是通过某种教学工具的使用来保证教学效果的实现。这种教学手段主要体现在具体的教学步骤或者教学环节中。如体育教师采用理论联系实际的教学方法,亲身示范并让学生模仿和学习,"亲身示范"就是体育教学手段。

---

① 韩峰:《分层次教学方法在高校体育教学中的运用研究》,《文体用品与科技》,2018年第15期,第81—82页。

二、体育教学方法的发展趋势和设计理念

我国体育教学起步较晚,对体育教学方法缺乏专业的研究和科学的总结。直到近代体育教育出现以后,体育教学方法才引起教育者的重视,有关体育教学方法设计理念和选用实施过程的研究才被提上研究日程,并得到体育教学工作者的普遍关注。

(一)体育教学方法的发展趋势

虽然较其他学科而言,体育教学起步较晚、发展较慢,但是随着人们认知水平的不断提高,对体育教学的重视程度日益深化,体育已经发展成为一门较为成熟的学科,其教学方法也随着学科的发展而不断完善,并逐渐呈现出明显的发展趋势。具体来说,其发展趋势主要体现在以下三个方面。

1. 体育教学方法的现代化

随着科学技术的不断进步,体育教学方法在不断完善和提高,其现代化也随着时代的发展表现得较为明显。体育教学方法的现代化主要体现在体育教学设备上。为了更直观地向学生展示体育运动的魅力,体育教师会将录像带到体育课堂,借此开阔学生的视野,增长知识。随着计算机应用的普及,各种借助计算机完成的体育课件和体育活动,将学生对体育学习的感知提升至新的层次。

2. 体育教学方法的心理学化

心理专家表示,任何一种形式的学习都伴随着心理变化的过程,而体育知识和技能的学习与获得更是一个复杂的心理变化过程。因此,在体育教学过程中,对体育教学方法影响较大的学科是学习心理学和体育心理学。为了更好地开展体育教学活动,体育心理学家和运动心理学家运用心理学的研究方法,对学生在运动、学习过程中的心理变化情况进行了探讨,希望能够将研究结果应用到体育教学方法的改革中。

3. 体育教学方法的个性化

在教学过程中,重视个性化是体育教学方法发展的一大进步。因为任何一种教学方法的实施对象都是学生,而由于学生成长环境、自身条件的不同,其

接受能力和学习情况具有较大差异。加之不同学校的教学条件和教学进度存在较大差距,因此,体育教学有必要根据实际情况,针对学生的个性化和学校的差异性做出合理调整。现阶段,随着这一教学理念在体育教学中的不断扩散和应用,个性化、民主化的体育教学方法得到了进一步发展。

(二)体育教学方法的设计理念

任何一种教学方法的设计都离不开特定的理论指导,做好体育教学方法的理念设计工作也是体育教学的目标之一。任何一种教学方法都有其使用的范围和环境,因此,在设计好体育教学方法之后,教师还要确定其实施的范围和对象,如此才能保证体育教学方法的实用性和科学性,进而提高体育教学质量。

1. 以语言传递信息为设计理念的体育教学方法

在任何一门学科的教学过程中都要使用语言。以语言传递信息为设计理念的体育教学方法,实际上就是教师运用口头语言向学生传授有关体育知识和技能的一种教学方法。由于语言是传递信息、人际交流的主要工具和途径,因此,语言是人们普遍使用的一种沟通方式,也是教师教授知识最重要的一种方法。

以语言传递信息为设计理念的体育教学方法主要分为讲解法、问答法和讨论法。

(1)讲解法

讲解法是指在体育教学中,教师运用一些简单、生动的口头语言向学生讲授体育运动知识的一种方法。有效运用讲解法,不仅能让学生在较短的时间内迅速掌握体育知识和技能,还有助于对学生进行思想道德教育,建立自主参与体育运动的意识。

由于语言无处不在,语言的魅力更是不可小觑,讲解法自然而然成为体育教学中普遍使用的一种方法。讲解法可以说是体育教学的基础,任何一种体育教学方法的实施都离不开讲解法的运用。同时,体育教学又是一个实践性较强的学科,在教学过程中,教师不能盲目地使用该教学方法,而要学会结合体育运动项目及其技能特点进行实际操作的讲解。因此,教师应该做到"精讲",

并且将讲解带到实践中去，这样才能实现教学目标，达到较好的教学效果。

（2）问答法

问答法历史悠久、行之有效，也是人们广泛推崇与应用的一种体育教学方法。问答法的优点是便于培养学生的发散思维，能够在问答的过程中增强学生思考问题的能力，提高学生的语言表达能力。在运用问答法进行体育教学时，教师应该注意：第一，尽量采用简短的语言问答；第二，在问答的过程中，不要给学生过长的时间思考或交流讨论；第三，将问答设定在技能教学的开始和结束环节，作用会更加明显。

（3）讨论法

相较讲解法和提问法，讨论法的自由度更大。讨论法主要是指在体育教师的指导下，以班级或小组为单位，围绕教材的中心问题进行讨论，让学生自由阐述自己的观点和意见。由于在讨论的过程中学生能够自由发挥才能，因此，讨论法比其他方法更能促进学生积极、主动地参加体育锻炼与学习活动，更有利于增强学生的团队合作精神和集体主义精神。值得注意的是，讨论法虽然能够调节课堂气氛，调动学生的学习热情，但是，如果讨论的自由度过大，教师就很难掌控局面，从而难以保证教学效果与教学质量。在讨论过程中，体育教师还要适时参与其中，对学生的讨论内容与讨论方向加以引导，以确保充分发挥讨论法的积极作用，及时消除讨论法的消极影响。

2. 以直接感知为设计理念的体育教学方法

以直接感知为设计理念的体育教学方法是体育教学中普遍使用的教学方法。通过教师对某种体育技能的演示和直观表达，学生借助身体的感观获得体育教学相关知识和技术。这种教学方法因为具有直观性，而且便于学生接受和掌握，所以在体育教学中颇受欢迎。

根据对体育教学方法的研究，我们将以直接感知为设计理念的体育教学方法分为动作示范法、演示法、纠正错误动作与帮助法等。

（1）动作示范法

动作示范法是指教师在教授某种技术时，为了让学生能清楚地了解技术要领，以自身完成的动作作为示范，为学生提供参考方法。动作示范法较为直观地向学生展示了体育动作的特点、动作特征和技术要领等，具有非常独特的作用。而且，教师优美的动作能激发学生的学习兴趣。

教师使用动作示范法进行教学的时候，要注意以下几点。第一，任何一种动作示范都要具有明确的目的性，应当根据体育教学实际需要进行动作示范。第二，正确、美观。正确是指教师在进行动作示范的时候，要严格按照教学技术规范和要求完成，以保证学生正确地认识动作特征；美观是指动作要能引起学生的兴趣，从而激发学生的主观能动性。

（2）演示法

演示法是近几年来体育教学中普遍使用的一种教学方法，是指教师在体育教学过程中通过各种直观教具的展示，让学生获得对技术和知识的感性认识的一种方法。这种教学方法主要用于教授某些通过示范无法达到预期效果的知识和技术，以使教学取得预期的效果。演示法能够让教学与生活实际相联系，增加学习某种技术和知识的直观性，便于学生接受和学习，而且能激发学生的学习兴趣，便于学生了解和掌握所学知识。因此，对体育教学而言，演示法是一种十分重要的教学方法。

教师在使用演示法进行教学的时候，应该注意以下几点。第一，要注意所演示动作的实际性。因为演示法教学的最终目的是让学生更详细地掌握教师所教授的知识和技术，因此要结合体育教学实际进行。第二，要结合各种先进教具演示。计算机的普及和使用为体育教学提供了便利，同时也为演示法的实现提供了更多载体，这样既能激发学生的学习兴趣，也能保证演示效果。

（3）纠正错误动作与帮助法

纠正错误动作与帮助法是体育教学中体育教师为了纠正学生的一些错误动作而采用的教学方法。众所周知，体育教学具有很强的实践性，因此在教学过程中，由于体育活动和项目动作较为复杂，再加上学生缺乏经验，难免会有一些错误动作出现。这个时候就需要教师对学生的动作进行及时的纠正，加深学生的印象，从而提高教学质量。

使用此方法时教师应注意：第一，切勿挖苦学生。在指出学生错误之时，首先应该肯定学生的进步，然后用较为委婉的语气对学生进行错误动作的指导和纠正。这种纠正错误的教学方法更有利于学生接受，同时还能够鼓励学生不断提升专业知识和技能，也不会打击学生的自信。第二，把纠正的重点放在主要错误动作上。其实，有很多错误是由主要的错误动作引起的，纠正主要的错误动作，能够带动整体动作的规范。第三，要有针对性地纠错。每一个错误动作的产生，都是由一个特定的原因导致的，只有根据这一特定的原因进行正确引导，才能杜绝错误动作的出现。

3. 以身体练习为主要设计理念的体育教学方法

以身体练习为主要设计理念的体育教学方法，是指通过身体锻炼和练习以及技能的学习，学生掌握和巩固某种运动技能的方法。因为体育教学的本质就是以学生的实践活动为主要特征的教学，因此，以身体练习为主的教学是开展体育教学的主要方法和形式，也是教师传递知识和技能的主要手段。

在体育教学中，以身体练习为主要设计理念的体育教学方法有分解练习法、完整练习法和领会练习法等。

（1）分解练习法

分解练习法是指将原本复杂的动作分解成几个部分，然后针对每一个部分进行针对性练习的方法。这种教学方法适度降低了技术的难度，便于学生掌握和学习，同时也提高了学生在学习中的自信。在使用这种方法进行教学的时候，首先应该保证分解步骤的合理性和科学性，使分解步骤能够连贯成整体动作，同时还要保证分解动作的连续性，有利于学生掌握整体动作。例如，在进行篮球教学的时候，教师会教授学生传球、投篮、运球等动作，这样能够将复杂的活动具体化、简单化。

（2）完整练习法

完整练习法是指在整个运动项目讲授过程中，直接对整套动作进行完整的练习。完整练习法能够保证体育动作的完整性和连续性，易于学生在脑海中形成完整的动作概念，适用于较为简单的运动项目，如仰卧起坐、跑步、扎马步等。

在使用此方法进行体育教学的时候,教师首先应该考虑学生的接受能力。在教学之前,体育教师要进行实验和示范,并加以必要的语言描述,对重点内容进行讲解。同时,注意开发各种辅助性的练习。这样能不断改善教学效果,提高教学质量。

（3）领会练习法

领会练习法是指通过简单明了的语言、文字、图片或者视频,学生对某一项运动有一个概括性的认识。这种教学方法使学生从体育教学的一开始就对教学动作有一定的认识,有利于培养学生在运动方面的知识和技能,提高学习兴趣,激发学习的主观能动性。

教师在选用这种教学方法的时候,应该从项目的整体特征入手,然后引导学生对此项目进行具体的练习,最后回到整体的认识和训练中去。教师还应该注意培养学生的战术意识,使其贯穿整个教学始末。例如,在对学生进行排球比赛相关规则的讲解和技术讲授时,首先让学生观看某场伴有现场解说的排球比赛,视频和文字介绍能让学生领会比赛的规则。通过观看现场比赛,学生还可以领会排球比赛战术和某一技能的重点。

三、体育教学方法的选择和运用

体育教学方法是体育教师提高教学质量的关键因素。因此,体育教学方法的选择和运用备受关注,成为体育教学工作者不可回避的问题。

（一）合理选用体育教学方法的意义

就目前体育教学而言,体育教学方法是十分丰富的。随着体育教学改革的不断深入,很多新的体育教学方法也被不断开发出来。因而,在实际的体育教学中,体育教师能否正确地、有针对性地选择合适的体育教学方法,是衡量教学质量优劣的重要因素。选择合适的体育教学方法也是提高体育教学质量的基础。

为了保证教学质量,身处教学一线的体育教师,要根据体育教学目标和各种教学因素,选择合适的体育教学方法,并在对教学过程中所涉及的各种因素进行认真研究的基础上,对所选择的教学方法进行合理组合,这样才能不断提高体育教学质量。

教学方法是教师进行体育教学活动的手段。从这种观点上看,体育教学方法是教师行使教育权利和履行教育义务的工具。"磨刀不误砍柴工",工具的选择影响着教学质量。所以,体育教师不仅要学会各种体育教学方法,还要具备在工作实践中科学、正确地选择和应用教学方法的能力,这样才能真正提高体育教学质量,更出色地完成体育教学任务。

(二)选择体育教学方法的依据

体育教学方法的选择一直是体育教学的难点,因此,每位体育教师都应该具备选择合理体育教学方法的能力。每一项教学内容都有其相对应的教学方法,每一种教学方法对其教学环境和主体都有着不同的要求,因此,要结合各方面的因素对教学方法进行合理的选择和应用。体育教学方法的选择有以下几个依据。

1. 根据体育课程目的和任务选择教学方法

不同的体育课程,其教学目的和教学任务要求采用不同的体育教学方法,因此,体育课程目的和任务是选择体育教学方法的依据之一。如果向学生介绍一些体育运动项目的知识和要求,就可以选择一般教学所用到的讲解法;如果是教授学生一些运动的技巧和方法,就需要用到动作示范法和演示法;如果是教授需要学生进行锻炼或是练习的课程,就可以使用练习法;如果是为了提高学生的交际能力,就可以使用讨论法;如果想提高学生的竞争意识,就需要多使用比赛的方法。由此可见,在选择教学方法时,教师应该将体育课程的教学目的和教学任务作为体育教学方法选择的依据。

2. 根据体育教学内容的特点选择教学方法

在数学教学中,不同类型的题目,需要采取不同的解题方法。对于体育教学也是一样,不同类型的体育教学内容,也需要教师采取不同的体育教学方法。如在进行器械基本操作的教学时,就应该使用分解教学法;在进行类似游泳、滑冰等技术和技能动作的讲授时，所采用的也是分解教学法；进行诸如跑步、投掷、跳跃等连贯性要求较强且动作发生较为短暂的运动项目的教学时，需要采用完整教学法；教学一些对技术要求较为严格的球类运动项目，需要使用领会教学法；对于锻炼性较强的体育项目，则需要使用循环教学法。因此，体育教师要在仔细分析教材的基础上，根据体育教学性质和教学特点创造性地选择体育教学方法。

3. 根据学生实际情况选择教学方法

选择和使用体育教学方法的根本目的，就是帮助学生更好地学习，促进体育教学目标的顺利完成。它不仅仅是体育教师在教学过程中的"展示"。体育教学方法侧重的不是教师，而是学生学习的效果和对知识的掌握情况。因此，在选择教学方法的时候，教师要看教学方法是否符合学生的发展特点、是否有利于学生的理解和接受。具体是说，教师要考虑学生的年龄、身体状况、智力和学习能力等，从学生发展实际和身体状况出发，选择符合学生实际情况、能促进学生掌握教学技能的教学方法。

4. 根据教师情况选择教学方法

教师是教学方法的实施者，任何教学方法只有与教师的特点紧密结合时，才能取得理想的效果。有的教学方法虽然能够达到很好的教学效果，但是如果教师的自身素质较低，无法很好地驾驭，也不能有效提高体育教学质量。因此，教师自身素养对体育教学方法也有较大影响。比如，有的教师思维能力和语言表达能力较强，就应该多使用生动的语言描述体育教学现状和问题；运动技能较强的体育教师，就可以多采用一些演示和示范性的教学方法，在传授教学内容的同时，提高学生的学习兴趣，从而让学生更好地理解体育知识和技能。

5. 根据教学方法的适用范围选择教学方法

体育教学方法十分丰富，每一种都有其自身的特点，有其所适用的范围和条件。在教学过程中，教师对每一种教学方法的功能和适用范围是否有深刻的了解，教学方法所需的条件是否具备等，都会影响教学效果。如领会教学法适用于高年级学生的教学，而不适用于低年级学生的教学，因为高年级学生的认知能力已经趋于成熟，低年级学生的认知能力和思维能力都尚未充分发展。由此可见，在教学中，教师应该根据教学方法的适用范围选择合适的教学方法。

6. 根据教学时间和效率选择教学方法

每一种教学任务的教学时间和效率都是不同的，如实践法比讲解法更花费时间，分解教学法比完整教学法更花费时间。针对一些技能和技术问题，实践法比讲解法的效率更高。所以，选择教学方法的时候，教师也要相应地考虑教学方法的教学时长和效率。一种合适的教学方法应该保证时间和效率上的完美结合，保证在规定的时间内完成指定的教学任务，并取得理想的教学效果。这就要求体育教师对体育教学方法有全面的掌握和了解，从而选择既省时又有效的教学方法，实现教学效果的最优化。

（三）体育教学方法选择和应用的原则

体育教学方法作为体育教师的教学工具，发挥着非常重要的作用。再加上新课标对体育教学的要求，体育教学方法受到越来越多的体育教育工作者的重视。但是体育教学方法的选择和应用不是盲目的，应该严格遵守以下四项基本原则。

1. 目标性

教学方法是为实现教学目标而服务的，教学目标为教学方法的选择提供参考依据，教学方法又促进了教学目标的实现。因此，在选择和运用教学方法时，教师一定要保证教学方法的目标性，首先应该清楚其教学目标是什么，然后再去思考如何才能应用这种教学方法完成教学目标。只有保证教学方法具有目标性，才能保证教学质量，顺利完成教学任务。

2. 有效性

选择教学方法的时候，教师还要考虑其在教学目标完成上的有效性，实际上就是指利用这种教学方法提高教学质量、顺利完成教学目标的可能性。有些教学方法由于步骤较为复杂，花费的时间过长，就会对其他教学内容造成干扰，降低教学效率，这种教学方法就失去了教学的有效性，不利于教学活动的顺利进行。如教师在指导学生进行跑步训练的时候，采用的是多媒体教学和实践训练相结合的教学方法，但由于跑步是一项较为简单的运动，仅仅需要理论结合实践的教学方法就能完成，不需要采用多媒体教学。因此，采用多媒体教学和实践训练相结合的教学方法，就会降低教学的有效性。

3. 适宜性

每一种体育教学方法都有与其相适应的教学环境和对象群体。所谓的适宜性，可以分为两方面进行论述：一是指教学方法与学生之间的适宜性，主要指教学方法是否符合学生的身心发展特点；二是指教学方法与教师之间的适宜性，每一种教学方法对教师的自身素质都有要求，只有两者相适应，才能最大限度地发挥教学优势。如在对低年级学生进行教学的时候，就应该选择一些与该学段学生的认知能力和身体发展状况贴合较为紧密的教学方法，如讲解法、动作示范法等。

4. 多样化

体育是一门较为复杂的学科，体育教学方法也十分丰富，每一种教学方法都有相对应的功能和作用，只有多种方法相互结合，才能发挥体育教学的优势。多样化的教学方法不仅可以让体育课堂更加生动和丰满，而且能调节课堂气氛，激发学生的学习热情和主观能动性，使学生集中注意力，实现教学效果，提高教学质量。

以上四项基本原则，是选择体育教学方法、提高体育教学质量的基础。

第四章　高校大学生体育训练

第一节　大学生体育训练模式

一、大学生体育训练新模式

随着我国教育的不断深化，我国的教育改革也在不断进行中，作为教育的最高学府，也是国家人才重要的培养基地，高校需要认真对待课程改革。体育作为增强学生体质的健身课程，在促进学生健康发展方面具有十分重要的作用，体育教学不应再遵循传统的教学模式，在新时代，要努力创造适合我们的新教学模式。体育课程主要就是进行体育项目训练，因此，探究并创建新的训练模式，才能促进体育在未来的发展。

（一）优化体育教学模式

1. 培养学生对体育的兴趣

体育教学应该注重激发学生对体育的兴趣和热爱。教师可以采用多样化的教学方法，使体育课堂变得生动有趣，让学生积极参与其中。通过体验式学习、小组合作、游戏竞技等形式，教师可激发学生的学习动机，培养他们的体育兴趣。

2. 确定科学的学习目标和良好的学习动机

教师应帮助学生确立科学的学习目标，明确体育学习对于身心健康的重要性，并激发学生的内在动机，使他们主动参与体育锻炼。同时，教师可以通过身体素质测试、运动能力评估等方式，让学生认识到自身的优势和改进的方向，促使他们主动参与体育训练。

3. 整合终身体育锻炼意识

在体育教学中，教师可以培养学生将体育锻炼作为一种终身习惯的意识，通过教授不同的体育运动项目和锻炼方法，让学生了解到终身体育锻炼的重要性和益处。同时，教师可以引导学生选择适合自己的锻炼方式，并提供相关指导和资源，帮助学生形成自主锻炼的习惯。

4. 加强学科整合

体育教学可以与其他学科有机整合，培养学生的综合素质和跨学科能力。例如，将体育与生物学结合，学习身体结构和功能；将体育与物理学结合，学习运动力学和能量转化等。这样的整合能够提供更全面的体育教学内容，让学生从不同的学科角度理解和掌握体育知识。

（二）运动训练分析

体育教育不仅仅是培养学生的身体素质和运动技能，更重要的是通过体育活动培养学生的品德修养、团队合作、公平竞争、自律自强等价值观和品质。体育教育是培养学生综合素质和人格健康发展的重要途径。

1. 倡导体育精神

体育教育应弘扬体育精神，如积极向上、团结协作、拼搏进取等，通过教学内容的讲授和教师言传身教，引导学生树立正确的人生观、价值观和世界观。

2. 强调公平竞争

在体育教学中注重公平竞争的原则，培养学生尊重他人、遵守规则、公正评价和竞争的能力。教师要引导学生理解胜负并不是唯一的目标，重要的是通过竞争提升自己，尊重他人的努力和成就。

3. 培养团队合作意识

体育教育可以通过集体项目和团队活动，培养学生的团队合作精神和集体荣誉感。教师可以设计合作性的体育活动，鼓励学生相互支持、协作配合，体验团队合作的重要性。

4. 强调自律和自强

体育教育要求学生具备自律和自强的品质。教师可以通过训练和比赛过程中的规范要求，培养学生自我管理、自我激励和自我调节的能力。

在大学体育训练改革中，教师确实应该考虑到学生身体素质和健康发展的全面性，有针对性地设置体育课程，充分考虑学生的兴趣和需求，引导学生形成积极参与体育锻炼的习惯。此外，教学目标和教学内容的选择也需要与社会需求相适应，关注学生综合素质和个体差异的发展。

（三）体育训练新模式

教学内容纵向延伸。目前来说，体育教学除了提升学生的个人体质之外，还要注重让学生掌握专业锻炼技能。例如，通过体育专业性、针对性的练习来提高学生的身体素质，并侧重某一方面的训练，如注意力、集中力、专注力等。这会让学生产生极好的耐力，有助于学生提高以后在岗位上的专业能力，更好地适应工作需要。

教学内容学科跨越。高校体育课程设置应该与专业产生内在联系，而不能与其他专业类似，单纯地强调集体锻炼、素质提升，要形成"运动+专业"的组合形式，设置以人的基本活动为中心的综合性课程，让学生了解不同运动对未来工作的益处。

1. 教师多说一些鼓励、夸赞学生的话语

学生在成长过程中需要得到来自教师的肯定和鼓励，这对他们增强自信心和调动学习动力是非常重要的。适当的赞美和鼓励，可以激发学生的积极性和自我发展的意愿。

教师在与学生互动时，确实应该关注学生的努力和进步，并给予适当的肯定和赞赏。这样的正向反馈可以增强学生的自信心，使他们更加勇于尝试和挑战自我。教师还可以通过及时的反馈和建设性的指导，帮助学生改进和进一步提升自己的能力。

然而，教师在给予赞美和鼓励时也要注意适度和真实性。过度的夸奖可能会导致学生的虚荣心膨胀，依赖外部认可而忽视真正的自我价值和内在动力。

因此，教师应以客观、公正的态度对待学生的努力和成绩，同时注重培养学生的内在动力和自我认可能力，让他们明白成长和进步的意义在于个人的努力和发展，而不仅仅是他人的评价。

综上所述，教师的赞美和鼓励对学生的自信心和学习动力是有积极影响的。教师可以通过适度的赞赏和建设性的反馈，帮助学生发现自己的优点和潜力，并给予他们支持和指导，以促进他们全面发展和实现个人目标。

2. 根据学生特点，教师鼓励他们去做适合自己的运动

在社交环境中，人们往往会受到周围人的影响，为了适应群体或获得认可而放弃自己的喜好和个性。这样的行为可能导致个体失去独立思考的能力和独特性，无法真正找到适合自己的方向和兴趣。

在教育环境中，教师可以发挥重要的作用，引导学生树立独立思考和自我认同的意识。教师可以通过观察和了解每个学生的特点，激发他们发展个性和追求喜欢的事物。这需要教师积极倾听学生的声音，了解他们的兴趣和潜力，为学生提供多样化的选择和机会，鼓励他们在体育课堂上展示自己的强项。

教师可以鼓励学生参加不同种类的体育运动，并提供积极的反馈和支持。教师也可以通过教育和引导，帮助学生认识到每个人都有自己独特的兴趣和价值，不必过于追求与他人的一致性，鼓励学生坚持自己的喜好和兴趣，并帮助他们发现自己的特长和优势，培养自信心和自尊心。

在教学中，教师可以引导学生理解多样性和包容性的重要性，培养他们尊重和欣赏他人的不同之处。通过鼓励学生尊重他人的兴趣和选择，教师可以创设一个积极、友好和包容的学习环境，让学生感到被接纳和支持。

综上所述，教师在体育教学中可以发挥重要作用，帮助学生树立独立思考和自我认同的意识。通过观察和了解学生的特点，教师可以激发他们发展个性和追求自己喜欢的运动，展示自己的强项，并培养学生的自信心和自尊心。

3. 采取奖罚制度激励学生做好体育锻炼

学生在体育课堂上一次良好的表现就值得教师夸赞、表扬。教师对学生的一句肯定的话语，就会在学生心中荡起一阵阵涟漪。学生也许会在心中这样想：今天老师夸我了，我很开心，下次我一定要做得更好，相信自己，我是最棒的。这种教育方式是比较棒的，它不是那种比较疯狂的教育方式，比较人性化，既不会打击学生，而且也对促进教师与学生之间的关系有帮助。采取奖励制度去激励学生，有益于学生积极性的提高。当然，有了奖励制度，也要有惩罚制度。然而，这种惩罚不同于体罚，而是用一种比较轻松愉快的语气，去指出学生所犯的错误，或者做得不太理想的地方，然后指导学生去改正。学生面对这种情况，会在心中激起斗志，然后不断地鞭策自己，争取做到最好。

4. 安排课堂训练任务时激励学生

激励是一种有效的教育手段，可以激发学生的积极性，增强他们的自信心，并培养他们对体育学科的兴趣。

在教学中，教师可以运用鼓励、赞扬和肯定的方式激励学生。通过正面的言语和态度，教师可以传达对学生努力和成绩的认可，使学生感觉受到重视和鼓舞。这样的激励不仅可以提高学生的学习动力和参与度，还可以促进学生之间的互动和合作，营造积极向上的学习氛围。

教师在激励学生时也要注重差异化和个体化。不同学生有不同的需求和特点，教师可以根据学生的个性和兴趣，给予针对性的激励和指导。这样能够更好地激发学生的内在动力，帮助他们发现和发展自己的潜能，并在体育课堂上展示自己的特长。

教师还应该建立积极的师生关系，成为学生的良师益友。通过与学生建立良好的沟通和互动，教师可以更好地了解学生的需求和困惑，并给予恰当的激励和支持。在这样的互动中，学生会感受到教师的关心和关注，从而更愿意接受教师的教导和激励。

总而言之，教师在体育课堂上采用激励的教育方式对学生的发展和学习意义重大。通过鼓励、赞扬和肯定，教师可以激发学生的积极性，增强他们的自信心，培养他们对体育学科的兴趣。教师还应注重个体化的激励和建立积极的师生关系，以更好地满足学生的需求，促进他们全面发展。

二、在体育教学中引入拓展训练模式

所谓拓展训练模式,又被称为拓展运动、外展训练。近些年来,拓展训练模式不断被应用于高校课程中,尤其是体育课程。

(一)拓展训练模式的应用意义

1. 培养高校学生强大的心理素质

人在受到一定的打击后所展现出来的自我修复与自我适应能力,即心理素质。拥有强大心理素质的人,注定能够不断接受好的与坏的结果,并在其中迎来自己的成长。显然,在拓展训练中,许多训练项目能够培养训练者的心理素质,提高其强大的抗压能力,更好地在这个社会中发展,形成逆流而上的顽强拼搏精神。这正是高校体育教学的重要目的所在。

2. 培养高校学生的团队协作意识

在体育运动中,不断提高与队伍的融洽度,以友谊精神、团队协作、公平竞争意识取得每一次体育竞争的胜利,这正是现代奥林匹克精神所提倡的。尤其就团队协作而言,拓展训练模式的运动项目最看重的就是训练者的团队协作精神。因此,在该训练模式中,培养高校学生的团队协作意识,才能够更好地发扬现代奥林匹克精神。

(二)将拓展训练模式应用于高校体育教学的策略

1. 在思维理念上融入拓展训练模式

对于现代教育来讲,突出学生的主体性地位,教师转变为辅助地位,已经成为现代教育的大势所趋,拓展训练模式正好能够符合现代教育的基本目的。在体育教学思维理念中,教师要积极转变传统的生硬式教学模式,不断使每一位学生积极参加,同时获得十分显著的参与感与挑战感。尤其是在团队协作中,要注重培养学生的团队协作意识,不断摆脱原有的思维理念,更好地将体育教学与拓展训练进行融合。

2. 在教学环节中融入拓展训练模式

在传统体育教学中,教学环节通常分为三个阶段:第一阶段为准备阶段,第二阶段为活动阶段，第三阶段为结束阶段。在这三个阶段中，教师基于人体体能活动发展特点进行教学设计。在拓展训练模式中，教师不仅能够按照这三个阶段教学，还增设了其他环节，比如趣味游戏与竞争比赛，不断提高学生在体育教学中的积极性，激发学生之间的热情，加强合作与沟通，培养学生的奥林匹克精神，其应用意义十分显著。也正因为如此，在体育教学中应用拓展训练模式，就需要教师能够拥有优异的业务水平去注重每一个环节的教学设计。

在高校体育教学中，摆脱传统教学模式，积极引入拓展训练模式，不仅能够进一步激发学生的学习兴趣，还能培养学生的奥林匹克精神，真正以团结、合作、友谊、公正的理念去发展体育、学习体育。在某种程度上，这为现代体育提供了十分丰富的教学理论与教学应用实践。

三、体育教学与运动训练互动模式

体育教学与运动互动模式在很多高校中尚未实行，大多数高校只重视学生的知识教育而忽略了身体健康素质。在如今社会发展过程中，知识固然重要，但身体素质更不能忽视。试想，一个国家的青少年只有满腹经纶，却没有强壮的身体，那么国家怎能快速地发展？少年强则国强，这里的少年强是指青少年必须具备知识、能力、健康的身体去守卫国家，发展国家。如果高校只通过体育教学的方式唤醒青少年对体育的重视，只会治标不治本。高校体育应通过体育教学与运动训练的互动，实现共同发展，这样才能达到双赢的效果。

（一）高校应当对体育设施进行全面建设

高校体育教学对于学生的全面发展非常重要，而体育设施建设是支撑体育教学的基础。学校应该重视体育设施建设，并为此投入足够的资金和资源。通过建设现代化、多功能的体育设施，高校可以为学生提供更好的场地和设备条件，提供更丰富多样的体育活动和训练机会，促进他们身心健康发展。

政府对体育设施建设方面的支持至关重要。政府可以通过拨款、资金补助、政策支持等方式促进学校体育设施的建设和改善。同时，政府也应该加强对学校使用资金的监督，确保资金真正用于体育设施的建设和维护，杜绝乱收费情况的发生。

学校与社会体育企业的合作也是推动体育设施建设的重要途径。学校可以与体育企业建立合作关系，通过合作共赢的方式获取资金、技术和管理支持。这样的合作可以为学校提供更多的资源和专业知识，促进体育设施建设和管理水平提升。

最终，在学校、政府和社会的共同努力下，加大对体育设施建设的投入和支持，可以为学生提供更好的体育教学环境，促进青少年的全面发展，培养健康、有活力的人才。同时，也需要加强监督和管理，确保资金使用的透明性和合理性，营造良好的体育教育环境。

（二）体育教学应当与运动训练相结合

体育教学和体育训练确实是密不可分的。体育教学通过传授理论知识，让学生了解体育训练的重要性，掌握相关知识，培养学生对体育的兴趣和认知。体育训练则是将理论知识应用于实践，通过实际的体育活动和训练来提高学生的身体素质、技能和战术水平。

体育训练应当坚持理论与实践相结合的原则。理论知识可以为实践提供指导，指导学生在训练中正确地运用技巧和方法。实践则是理论知识的验证和实现过程，通过实际操作和训练来巩固与提高学生的体育水平。

在学校中，增加体育师资力量是非常重要的。专业的体育教师和教练能够提供专业的指导和训练，为学生提供更好的体育教学和训练环境。此外，学校可以通过提高学生的运动训练要求，如设立体育课程学分制度，要求学生参与一定的体育运动和训练，以促进学生身体素质和运动技能的发展。这样可以通过学分制度对学生进行激励和监督，帮助他们养成良好的体育运动习惯，并推动学生在体育方面的综合发展。

综上所述，体育教学和体育训练相互依存。通过理论和实践相结合，学校加强师资力量和要求学生进行运动训练，可以促进学生全面发展，提高体育水平，培养健康、有活力的人才。

(三)增强学生的体育意识

增强学生的体育运动意识,是提升他们身体素质的关键。学校可以制订完善的体育课程教学计划,通过新颖的方式激发学生的积极性,让他们主动参与体育活动。同时,避免因特训生与非特训生之间的差距而使学生积极性受挫的问题。教师应该以合理、高效和健康的方式引导学生树立正确的体育观念,积极培养良好的体育锻炼习惯。如可以通过举办运动会、社团活动等方式,给予学生体育锻炼的认可和奖励,增强学生对体育锻炼的意识和积极性。

在体育教学和运动训练中建立互动发展的理念也非常重要。教师和学生之间的互动关系对于学生的发展有着重要影响。教师要意识到自己的行为对学生的影响,掌握互动发展的理念,以身作则,引导学生正确对待体育教学和运动训练的关系。另外,学校应该倡导学生主导自己的学习和发展,培养他们的体育理念,让他们明白体育教学和运动训练的关系,并将二者结合起来,共同发展和继承体育精神。

最后,高校应注重学生的全面发展,既关注文化教育,也重视学生身体素质的训练。通过体育教学和运动训练的互动模式,教师要激发学生对体育运动的积极性,并采用科学、合理的教学手段促使学生全面发展,提高他们的身体素质和学习能力。这样可以推动高校体育教学水平的提高,为学生的全面发展提供良好的环境和支持。

四、课余体育训练社会化模式

近年来,我国的教育事业开始形成面向世界的发展趋势,高校也进行了多方面的教育改革。随着时代的发展和进步,高校的教育呈现出更加社会化的发展趋势。但是,我们必须清楚地认识到,国家对高校的体育教育资金投入是有限的,高校必须依靠社会力量进行补充,以社会力量促进课余体育训练的发展。实践证明,课余体育训练朝着社会化的模式发展是可行的,意义非凡。

（一）高校课余体育训练社会化模式的实践意义

1. 提供更广泛的体育训练资源

通过社会化模式，学生可以接触到更丰富的体育训练资源，包括专业的体育俱乐部、训练中心、教练团队等。这些资源可以提供高水平的训练设施、专业的指导和丰富的训练经验，有助于学生在特定体育项目中得到更好的培养和发展。

2. 拓宽学生的体育发展路径

社会化模式为学生提供了更多选择的机会。传统的高校体育教学往往以通识性为主，但学生可能有自己特别感兴趣的体育项目或专项训练需求，社会化模式可以满足这些需求，让学生选择参加他们感兴趣的项目，并有机会深入学习和训练。

3. 培养学生的竞技能力和团队合作精神

社会化体育训练模式通常涉及竞技和比赛，学生可以参加各类比赛和运动交流活动。通过参与竞技，学生可以提升自己的竞技能力，锻炼自身的意志品质和团队合作精神。同时，与其他学生或运动员的交流和竞争，也有助于拓宽视野，提高自身水平。

4. 增强社会融合与交流

社会化模式将高校学生与社会中的其他体育从业者和爱好者联系起来，促进了不同背景和经验的交流与融合。学生可以与来自不同学校、地区的运动员共同训练和比赛，结交新的朋友，拓展社交网络，加深对体育文化和社会的理解。

5. 促进学生的个性发展和自我认知

社会化模式注重学生的个体差异和特长，为学生提供了展示自己的平台。学生可以根据兴趣、特长和潜力选择适合自己的体育项目，并在训练中发挥个人优势，提高自我认知和自信心。

(二)高校课余体育训练社会化模式的发展策略

1. 加强与合作伙伴关系

高校可以积极与当地的体育俱乐部、训练中心、专业教练团队等建立合作关系，通过与合作伙伴共享资源、开展联合培养、共同组织比赛和活动等形式，共同推动课余体育训练的社会化发展。

2. 制定完善的制度和政策支持

高校可以制定相关制度和政策，明确课余体育训练社会化模式的目标、任务和具体操作流程，为学生和教师提供相关指导和支持。同时，建立健全的评估体系，对课余体育训练社会化模式的实施效果进行评估和改进。

3. 提供多样化的体育项目选择

为了满足学生的不同需求和兴趣，高校应提供多样化的体育项目选择。可以开设不同类型的课程或社团，涵盖各种体育项目，如球类运动、田径、武术、舞蹈等，以满足学生的个性化需求。

4. 加强师资队伍建设

高校应重视体育教师的培养和专业能力提升，提供培训和进修机会，使教师具备丰富的专业知识和教学经验，能够有效指导学生在课余体育训练中的发展。

5. 积极开展交流与竞赛活动

高校可以组织学生参加各类体育交流和竞赛活动，包括校际比赛、地区性比赛以及国内外的体育赛事。这不仅可以提升学生的竞技水平，还能够促进学生与其他学校、地区以及国际间的交流与合作。

6. 加强宣传与推广

高校应通过多种渠道宣传和推广课余体育训练社会化模式，提高学生和教师对该模式的认识和理解，激发学生参与的积极性和兴趣。比如，可以利用校园媒体、社交媒体、宣传海报等方式广泛宣传，同时注重与学生、家长和社会各界的沟通和互动。

五、体育场馆经营管理模式

高校体育场馆是为满足学校师生的体育教学、运动训练、运动竞赛以及日常的体育活动而建设的。随着高校的日益社会化，高校体育场馆的功能也逐渐多样化。在高校体育场馆作用不断增多的同时，其经营管理的一系列问题也亟待解决。

（一）高校体育场馆经营管理基本模式

经营管理模式是企业或组织经营管理的方法论，是在企业或组织内，为使生产、经营、劳动力、财务等各种业务，能够按照经营目的顺利地执行、有效地调整而进行的系列管理和运营活动的方法。总体来说，我国公共场馆的管理模式主要包括两种，即行政管理模式和经营管理模式。这两种管理模式的区别主要是：行政管理模式的经费来源是由国家统一下拨，经营管理的经费来源是多元化的；行政管理模式的业务活动由上级下达，经营管理模式是完成任务后可多种经营；行政管理模式的分配方式是固定工资和福利，而经营管理模式的分配方式是工资加奖金；等等。

当前，我国高校体育场馆经营管理主要采用行政管理模式，其主要目的是以满足学校师生教学、训练、竞赛的需要为前提，并不是单纯以经营为主体。高校体育场馆经营管理在行政管理模式下又主要分为体育部门管理模式、物业化管理模式、单位协作管理模式等多种方式。体育部门管理模式，能够充分发挥体育部门自身特点和专业优势，最大限度地满足教师的体育教学、运动队的专业训练以及学生的课外体育活动。但是这种模式也存在缺点，体育教师在承担繁重的教学、训练任务之余，还要兼顾体育场馆和人员的管理，工作难度系数较大。

物业化管理模式是指，高校成立专门的体育场馆管理部门，实行专职人员负责制。这种管理机制同样首先把满足学校教学训练要求放在首位，然后适当地对外有偿开放。这种管理机制的优点是专业化、规范化；缺点是管理部门为了平衡体育场馆的运行成本，会进一步强调创收，与体育部门之间由于体育场馆的使用出现协调不顺的问题。

单位协作管理模式，又称混合式管理模式。这种管理模式是体育部门与物业共同管理高校体育场馆的一种模式。除了上述三种场馆管理模式之外，有些高校也采用集体承包或者是个人承包的方式，学校与承包方就体育教学与经营创收之间的问题进行协商沟通，达到双赢的效果。

（二）高校体育场馆经营管理模式优化对策

1. 整编体育场馆经营管理策略，进行理论创新

体育场馆经营管理模式应与体育场馆的作用相一致。高校体育场馆在满足学校师生正常的教学、活动之外，也应积极对外开放，满足社会成员需求。这应该是高校体育场馆作为公共体育设施的一项基本功能。另外，高校体育场馆经营管理需要更为先进的理念，我们应该解放思想，不断进行理念创新。

2. 增强经营管理培训，提高体育场馆工作人员自身素养

高校体育场馆的经营管理应该立足科学规范的管理，其中最主要的工作是对场馆管理人员的管理，管理人员的道德修养和业务水平将直接影响到体育场馆的经营管理。基于此，高校体育场馆管理应该寻求一批能够兼容体育与管理的全方位人才，采用专业的管理模式，确保高校体育场馆的正常运转。

3. 改善体育场馆管理制度，加强制度执行的有效性

高校体育场馆的管理制度应该根据自身的基本情况，依托体育法规制度，使得学校的体育场馆管理向着规范的方向发展，结合学校的各个部门的具体情况进行多角度的考虑、多层次的分析，形成综合的管理制度，以便更好地对体育场馆进行经营管理。

4. 确定合适的收费标准，制订可行的开放计划

高校体育场馆的特殊性，决定了高校体育场馆的经营管理与社会中的商业经营存在很大的差别。高校体育场馆在对外开放时应该考虑自身场地的基本情况、本地区的经济发展状况和面向社会群体成员的经济承受能力等各方面的因素，进行合理的经营管理。收费的标准应该根据本地区经济发展规律，制订可行的开放计划。

5. 须以长远的观点来经营管理，走可持续发展的道路

在体育场馆满足学校正常教学、训练、比赛的前提下，做到"以馆养馆，以场养场"的同时，还应创造更多的经济效益和社会效益，促进高校体育事业的可持续发展，为学校的整体发展服务。

综上所述，通过综合规划、引入专业化管理、开放多元化使用、资源共享合作、提升管理水平和制定明确的经营政策等策略，高校体育场馆可以改进经营管理模式，实现场馆资源的充分利用和效益发挥。

第二节 大学生体育教学训练方法路径

一、力量素质训练

多数体育生由于没有经过长期系统的专业训练，他们想要在短期内迅速提高运动能力进而取得优秀的成绩极易在训练过程中走入误区，造成运动成绩起伏不定、停滞不前的现象。力量素质作为身体素质的重要组成部分，具有非常重要的作用。因此，如何在力量素质的训练过程中避免误区，争取训练效果的最大化，显得尤为重要。我们将从以下几点阐述力量训练的注意事项。

（一）力量素质的发展既要全面也要突出重点

在体育训练中，全身肌肉群的协调发展对于完成复杂技术动作非常重要。只注重某一部分肌肉的力量发展是不够的，全身肌肉力量的平衡和协调能够提高运动员的整体运动表现和效果。

在发展力量素质时，确保全身肌肉群的平衡发展是关键。除了下肢的力量训练外，我们还应注重上肢、胸、腰、背和臀等部位的大肌肉群锻炼。这样可以提高整体的爆发力、协调性和稳定性。此外，核心部位的深层次肌群也需要重视，这些肌群对于保持身体的稳定性和平衡至关重要。

综合全身肌肉群的锻炼，可以通过综合性的训练方法和器械来实现。例如，采用全身性的力量训练动作如深蹲、硬拉、推举等，可以促进全身肌肉的

协同发力。利用体操、瑜伽、普拉提等综合性训练形式，也可以有效地锻炼全身肌肉群的力量和协调性。

重要的是，训练计划应根据个人的特点和需要进行调整。运动员和教练员可以根据运动项目和个人特点制订具体的力量训练计划，重点关注整体肌肉群的平衡发展和协调性。

总而言之，全身肌肉群的协调发展对于完成复杂技术动作非常重要。在力量素质的发展过程中，除了注重下肢力量的培养外，还要加强上肢和其他部位的大肌肉群锻炼，并注重核心部位的深层次肌群和薄弱小肌群的力量发展。这样可以提高整体运动表现和效果，使运动员在竞技中更具竞争力。

（二）做好充足的准备活动，训练结束后要及时放松肌肉

在正式参加比赛或训练前，一定要做好各项准备活动。通过准备活动，学生可以提高中枢神经系统的兴奋水平，增强肌体对大负荷强度刺激的感觉；增强氧运输系统的机能，提高工作机群的代谢水平；可以使体温提高，降低肌肉的黏滞性，增加弹性；让肌肉发挥最大的收缩力量，同时还能有效地预防肌肉损伤。力量训练结束后，由于乳酸的堆积，肌肉常常会出现充血肿胀的现象。因此，在力量训练结束后，要及时采取各种活动性手段、整理活动，或保证良好的睡眠、合理的营养补充，以及按摩理疗等，使肌肉充分放松。

（三）集中注意力，加强安全保护意识

集中注意力和加强安全保护意识在体育训练和运动中都非常重要。以下是相关的观点和建议。

1. 集中注意力

首先，在进行体育训练或运动时，要保持专注和集中的注意力，不被外界干扰所分散。

其次，集中注意力可以帮助学生更好地掌控动作的执行和技术要领，提高训练的效果和运动表现。

另外，还可以采用呼吸调节、专注于感受身体动作和肌肉的方式帮助集中注意力。

2. 加强安全保护意识

第一，在进行体育训练或运动时，要始终保持安全意识，时刻注意自身的身体状况和动作的正确性。

第二，遵循正确的运动姿势和技术要领，避免过度使用力量或采取错误的动作，以减少受伤的风险。

第三，如果进行高强度或有风险的训练，应该寻求专业指导或有经验的教练的帮助，确保安全进行。

第四，在团体训练或比赛中，要加强对他人的保护意识，尊重规则和比赛精神，避免对他人造成伤害。

3. 建立良好的训练环境

第一，在进行体育训练时，要选择合适的场地和设备，确保其安全性和适用性。

第二，维护和保养训练场地和设备，及时修复或更换损坏的设备，以确保训练的安全性。

第三，如果参与团体训练或比赛，要确保有合格的教练或监督人员在场，提供必要的指导和监督。

总之，集中注意力和加强安全保护意识是体育训练和运动中的重要因素。通过专注和注意安全，学生可以更好地提高训练效果，减少受伤风险，并营造安全和积极的训练环境。

（四）与专项动作相结合，保证技术动作的规范性

1. 选择适当的练习方法

根据专项技术的动作结构，学生要选择适合的力量训练方法来发展相关肌群的力量。例如，对于投掷类项目，可以选择强调爆发力和加速力的训练方法。

2. 严格按照技术规格进行训练

在进行力量练习时，学生要严格遵循相关动作的技术规格和要求，确保正

确的姿势和动作执行，避免技术动作变形和不正确的训练效果。

3. 保护自身安全

在进行大负荷训练时，学生可以使用腰带等辅助装备来提供额外的支撑和保护。尤其是在杠铃深蹲等动作中，要注意保持腰背挺直、核心稳定。

4. 添加保护人员

对于一些重负荷的训练，可以在杠铃两侧安排专门的保护人员，以防止学生腰部损伤。这些保护人员可以提供额外的支持和安全保护。

5. 寻求专业指导

对于复杂的技术动作和大负荷训练，寻求专业教练或相关专家的指导非常重要。他们可以提供正确的训练技巧和安全注意事项，确保训练的有效性和安全性。

综上所述，选择适当的练习方法，严格按照技术规格进行训练，保护自身安全和寻求专业指导，可以让学生更好地进行力量训练，并加强安全保护，降低运动损伤风险。

（五）要掌握正确的呼吸方法

正确的呼吸方法在力量训练中非常重要，它可以为学生提供稳定的氧气供应，维持适当的内部压力，提高力量输出效果。以下是一些关于正确呼吸方法的建议。

1. 根据动作性质调整呼吸节奏

不同的动作可能需要不同的呼吸节奏。在进行力量练习时，通常建议在负重动作的起始阶段吸气，然后在承重阶段或施力阶段呼气。具体的呼吸节奏可以根据个人的感觉和训练要求进行调整。

2. 使用腹式呼吸

腹式呼吸可以帮助学生更好地利用呼吸肌肉，提供更多的氧气供应和稳定的内部压力。在呼气时，腹部收缩，慢慢将空气呼出；在吸气时，腹部扩张，让空气自然流入。

3. 避免屏住呼吸

在进行力量训练时，尽量避免屏住呼吸。屏住呼吸会增加胸腔内压力，对心脏和血液循环产生不良影响。保持流畅的呼吸，可以帮助学生维持身体的稳定性和力量输出。

4. 适应性训练

对于重负荷的训练，适应性训练呼吸方法可以提供额外的支持。例如，在进行重量举起时，可以通过锁定呼气的方式稳定躯干和提供额外的支持。

5. 练习正确的呼吸技巧

在进行力量训练之前，可以通过练习专门的呼吸技巧来提高呼吸效果。例如，进行深呼吸练习、腹式呼吸练习和专门的呼吸训练方法等。

请注意，对于复杂的力量训练或负重训练，尤其是在高强度的情况下，寻求专业教练或健身指导员的指导是非常重要的。他们可以根据个人状况和训练目标提供更具体的呼吸建议和技巧。

（六）要制订系统的训练计划

制订系统的训练计划是有效进行力量训练的关键。以下是制订系统的训练计划的一些建议。

1. 目标设定

首先确定训练目标，如增加肌肉力量、提高耐力、改善身体形态等。明确的目标将有助于确定训练计划的内容和重点。

2. 分阶段规划

将整个训练计划分为不同的阶段，每个阶段持续几周或几个月。每个阶段应有特定的目标和重点训练内容。逐步增加训练强度和复杂度，以适应身体的变化和进步。

3. 训练频率

确定每周的训练频率，即每周进行几次训练。一般建议在力量训练中给予肌肉足够的休息时间，以促进其恢复和生长。

4. 练习选择

选择适合自身目标的练习和动作。根据不同的肌群和运动要求，选择恰当的力量训练练习，包括重量举起、器械训练、体重训练等。

5. 训练强度和体积

确定每个训练的强度和体积。强度指的是每个练习的负荷和难度，可以通过重量、重复次数、休息时间等调整。体积指的是每个练习的组数和总训练量。

6. 逐渐增加负荷

随着时间的推移逐渐增加训练负荷，以挑战身体并促进进步。同时，逐步增加重量、增加练习次数或改变练习难度，以保持持续的进步。

7. 记录和评估

保持训练记录，包括使用的重量、次数、休息时间等。定期评估自己的进展，并根据需要调整和修改训练计划。

8. 综合训练

除了力量训练外，综合其他训练元素，如柔韧性训练、有氧训练和核心稳定性训练。综合训练可以提高整体身体素质，增加训练的全面性和多样性。

二、速度素质训练

速度素质是指人体快速运动的能力。它包括人体快速完成动作的能力和对外界信号刺激快速反应的能力，以及快速位移的能力。学校体育教师、教练员可结合实际提高以下几方面的认识，加强对学生速度素质的培养，全面提高学生的速度素质，从而带动学校体育活动的开展。

（一）速度素质包括反应速度、动作速度和移动速度

反应速度是指感知到外界刺激后，产生相应反应的快速能力。它涉及感知、判断和执行动作的能力。在许多运动项目中，如击球运动、比赛中的应对等，反应速度对于获得优势非常重要。

动作速度是指在特定动作过程中完成动作的快速能力。它涉及肌肉的收缩

速度和协调性。动作速度的提高可以通过特定的训练方法和技术练习来实现，从而在运动中提高爆发力和执行速度。

移动速度是指人体在特定方向上移动的速度。它涉及整体身体的协调性、肌肉力量和灵活性。移动速度在许多运动项目中都是至关重要的，如田径、短跑、足球、篮球等。通过增强肌肉力量、提高爆发力和灵活性等训练方法，学生可以提高移动速度。

虽然一个运动员可能在某一方面具备较好的能力，但并不意味着他在其他方面也具备同样的水平。因此，综合培养和发展不同方面的运动素质，对于运动员的整体表现和竞技能力提高非常重要。

（二）各项速度素质训练应明确的问题

1. 反应速度训练应明确的问题

首先，反应速度受到神经反射通路传导速度的影响。这是一个生理过程，与遗传因素有关。尽管反应速度的提高相对困难，但通过训练仍可以使个体潜在的反应速度能力得以发挥并稳定下来。

其次，注意力的集中与不集中对于反应速度有明显的影响。当运动员的注意力集中时，神经系统处于适宜的兴奋状态，肌肉处于紧张待发状态，从而提高了反应速度。这种状态的持续时间有限，一般适宜时间为1.5秒左右，最多不超过8秒。因此，在进行反应速度训练时，运动员需要集中注意力，并将思想集中于迅速做出反应。

最后，反应速度的提高还受制于对信号应答反应动作的熟练程度。运动员对于特定动作的熟练程度越高，其反应速度也会更快。在训练中，运动员可以通过改变刺激因素的强度和信号发出的时间来增加训练的变化性和挑战性，进一步提高反应速度。

综上所述，反应速度的提高需要综合考虑生理因素、注意力集中与熟练动作实施。通过针对性的训练和提高注意力的集中度，运动员可以发挥潜在的反应速度能力，提高整体的反应速度水平。

2. 动作速度训练应明确的问题

进行专项动作速度训练时，应确保训练内容与专项比赛动作的要求相一致。通过反复练习特定的动作，运动员可以掌握正确的动作技术，并逐渐提高动作速度。

在进行动作速度训练时，应合理地变换练习的速度。这样可以增加训练的变化性，挑战运动员的反应和适应能力。同时，应适度控制训练的持续时间，一般不宜过长。动作速度训练强度较大，对运动员的兴奋性和体能要求较高，一般不应超过 20 秒。

间歇时间的长短应根据训练的强度和特点来决定。练习强度大的话，需要较长的间歇时间来恢复，以确保运动员在下一个练习中能够保持足够的兴奋状态。然而，间歇时间过长也会导致兴奋性下降，不利于后续练习的进行。例如，持续时间为 5 秒且强度达到 95% 以上的练习，间歇时间通常在 30—90 秒之间是适宜的。

综上所述，要提高动作速度，需要确保技术动作的正确性，并通过变换速度和控制训练的持续时间与间歇时间来适应训练的要求。这样可以有效地促进运动员的动作速度发展和提高整体竞技水平。

3. 移动速度训练应明确的问题

在测定移动素质时，可以使用短距离跑来评估运动员全速通过一段距离的能力。距离通常选择在 30—60 米之间，最好在运动员不疲劳且神经兴奋性高的状态下测验。重复测定 2—3 次，取最佳成绩来评估移动素质。

步频和支撑时间对快速移动能力有重要影响。优秀运动员在快速移动中的单脚撑地时间通常在 0.08—0.13 秒之间，而普通人则在 0.14—0.15 秒之间。通过训练，运动员可以逐渐缩短支撑时间，提高步频和移动速度。

提高移动速度有两个基本途径。一是通过力量训练来增强肌肉力量，从而提高速度。力量训练可以包括重量训练、爆发力训练和核心稳定性训练等。另一个途径是通过反复进行专项练习来提高移动技术和动作的熟练程度。

在训练中，需要确定适宜的训练负荷，确保训练的强度和量化适合运动员的能力与需求，逐渐增加训练的负荷和难度，有计划地进行适应性训练，以促进移动速度的提高。

此外，需要注意延迟性转化的现象。即使在力量训练中力量得到增强，也不意味着移动速度会立即提高。有时，当力量训练负荷减小后，才会出现移动速度的提高，这是一个需要注意的现象。

综上所述，要提高移动速度，可以通过测定移动素质、关注步频和支撑时间、进行力量训练和专项练习，并注意适宜的训练负荷和延迟性转化的现象，帮助运动员有效地提高移动速度。

三、耐力素质训练

学校体育作为培养学生养成终身体育习惯的重要途径，贯穿学生学校学习的全过程。我们有必要通过学校体育课堂对学生进行耐力素质训练，增强学生心肺功能，提高学生身体素质。

（一）将耐力素质训练融入体育课的必要性

1.有效促进学生身体素质的发展

耐力素质训练对学生身体素质的发展具有重要作用。耐力是指肌体在长时间内保持较高强度的运动能力，包括心肺耐力、肌肉耐力和全身耐力等。

通过耐力素质训练，学生可以提高心肺耐力，使心脏和肺部更有效地工作，提高氧气供应能力和废物排出能力。这将使学生能够在长时间内保持较高的运动强度，延迟疲劳的发生，提高身体机能。

耐力素质训练还可以增加肌肉耐力，使肌肉能够持续产生力量，并抵抗疲劳的发生。这对于学生在体育运动和日常生活中都具有重要意义，能够增强他们的持久力和抗压能力。

全身耐力训练可以通过综合多种运动方式来进行，例如长跑、游泳、跳绳、徒手操等。这些训练方式可以有针对性地提高学生的耐力水平，并在一定程度上促进身体素质发展。

通过耐力素质训练，学生可以增加运动的时间和强度，提高身体的耐力水平，增强心肺功能，改善肌肉耐力，提升全身的运动能力。这对于学生的健康发展和日常生活中参加各种体育活动都具有积极的影响。

因此，耐力素质训练在学生的身体素质发展中是非常重要的。学校和教师可以合理安排耐力训练活动，激发学生的兴趣和参与度，以达到促进学生身体素质发展的目的。

2. 是保证持续完成任何运动的前提和保障

耐力素质在运动中起着重要的作用，它是保证学生持续完成任何运动的前提和保障。

耐力素质包括心肺耐力、肌肉耐力和全身耐力等。心肺耐力指的是心脏和肺部的功能状态，它决定了肌体在运动过程中输送氧气和营养物质的能力，同时排出代谢废物的能力。良好的心肺耐力可以提高肌体的氧气摄取量和运输效率，延缓疲劳的发生，使人能够持续进行有氧运动。

肌肉耐力是指肌肉在长时间内保持持续性力量输出的能力。通过肌肉耐力训练，学生可以增强肌肉的抗疲劳能力，延缓肌肉酸痛和力量下降的发生，使肌肉能够持续产生力量，完成各种运动动作。

全身耐力是指整个身体在长时间内保持耐力状态的能力。它不仅包括心肺和肌肉系统的耐力，还涉及其他系统和器官的协调与适应能力。良好的全身耐力可以提高整体的运动能力和适应性，使人能够持续完成各种体育运动和日常活动。

耐力素质的提高需要制订科学合理的训练计划和方法来进行，包括有氧运动、持久力训练、间歇训练等。学校和教师可以组织和引导学生参与适合他们年龄和水平的耐力训练活动，帮助他们提高耐力素质，增强持久力和抗疲劳能力，以提升整体的身体素质和运动表现。

因此，耐力素质是保证持续完成任何运动的前提和保障，对于学生的身体素质发展和健康成长非常重要。

（二）推动体育课中耐力素质训练的方法

（1）多样化的有氧运动

在体育课中引入多样化的有氧运动，如慢跑、游泳、跳绳、踏步等，通过持续的有氧运动训练提高学生的心肺耐力。

（2）循序渐进的持久力训练

逐渐增加运动的时间和强度，通过持久力训练来增加肌肉耐力。可以利用间歇性训练，如间歇跑、间歇游泳等，让学生在高强度和低强度之间交替运动。

（3）组织竞赛和游戏活动

通过参加体育竞赛和游戏活动，如接力赛、搬运比赛、篮球比赛等，学生在有趣的竞技中提高耐力素质。这不仅能增加学生的参与度，还能培养他们的团队合作精神和竞争意识。

（4）引入循环训练

设计循环训练活动，将不同的运动项目组合起来，依次进行不同的训练动作和运动项目，使学生在短时间内进行高强度的练习，提高全身耐力。

（5）个性化训练计划

根据学生的个体差异和水平，制订个性化的训练计划，使每个学生都能够在适合自己的训练强度下进行耐力训练。这有助于激发学生的积极性和自主性。

（6）定期评估和反馈

定期对学生进行耐力素质的评估，例如进行体能测试，记录学生的进步和改善情况，并给予相应的反馈和激励，激发学生继续努力提高耐力素质的动力。

通过以上方法，教师可以在体育课中有效推动耐力素质训练，帮助学生提高身体素质，增强耐力和持久力，为他们的身体健康和运动表现提供良好的支持。同时，注重学生的参与和个体差异，使训练更加有针对性和个性化，提高学生的学习积极性和兴趣。

四、灵敏素质训练

原则是指人们依据客观事物运动的内在规律而制定的，在实践中必须遵循的法则或标准。运动训练原则是依据运动训练的客观规律确定的组织运动训练所必须遵循的基本准则。灵敏素质的训练也有其自身规律，只有遵循这些规律，才能系统、有效地发展运动员的灵敏性。根据运动训练的原则，结合灵敏素质的特征，灵敏性训练应遵循三大基本原则。

（一）健康安全与竞技需要原则

1. 健康安全原则

在体育课和体育训练中，健康安全是至关重要的。以下是一些健康安全原则。

（1）适应性原则

确保体育活动和训练适应学生的年龄、发育水平和身体素质。不同年龄段的学生在体育活动中的需求和能力有所不同，应根据学生的特点和能力制订适合的活动计划。

（2）渐进性原则

活动和训练应按照逐渐增加的强度和时长进行，以满足学生身体的适应能力。过于突然或过度的运动负荷，可能导致受伤或出现健康问题，应遵循逐步提高的原则。

（3）多样性原则

提供多样化的体育活动和训练，涵盖不同类型的运动和运动技能，以促进学生身体的全面发展，避免过于单一和重复的活动，防止运动损伤和运动技能的偏差。

（4）安全设施原则

确保体育场地和设施的安全性，例如场地的平整度、器材的稳固性和安全性；提供适当的保护装备，如护具、头盔等，以减少受伤风险。

（5）监督与指导原则

有资质的教师或教练应对体育活动和训练进行监督和指导，确保学生正确掌握运动技能和遵循安全规范；及时纠正错误的姿势和行为，提供必要的技术指导和安全提示。

（6）紧急救援原则

在体育活动和训练中，应建立紧急救援措施和程序，以应对突发的健康问题或受伤情况。教师或教练应具备基本的急救知识和技能，确保及时采取适当的紧急救护措施。

（7）个体差异原则

认识到学生之间存在着个体差异，包括身体条件、健康状况和运动能力。对于有特殊健康需求或潜在健康问题的学生，应提供个性化的照顾和支持。

2. 竞技需要原则

不同的竞技项目对灵敏素质有不同的要求，因此在进行灵敏性训练时，教练员需要根据具体项目的特征来制订相应的训练计划，选取差异化的训练方法。

将灵敏素质分为一般灵敏性和专项灵敏性，是为了更好地理解和描述灵敏性的不同方面。一般灵敏性是指适用于各种竞技项目的基本灵敏性能力，如反应速度、敏捷性和协调性等。专项灵敏性则更加具体，针对特定项目的技术和战术要求进行训练，以提高在该项目中的灵敏性水平。

对于专项灵敏素质的练习方法，确实需要深入分析特定项目的能量消耗特征、技术特征和力学特征等。这包括针对项目特点设计的敏捷性训练、反应速度训练、变向训练、协调性训练等，以提高运动员在特定项目中的灵敏性表现。

因此，教练员在进行灵敏性训练时，应了解并考虑项目的特征，并根据具体情况制订训练计划，以确保训练方法与项目要求相适应。这样可以更好地提高运动员的专项灵敏素质，使其在比赛中能够更有效地应对项目的技术和战术要求。

（二）适宜负荷与区别对待原则

适宜负荷与区别对待原则是体育训练中的两个重要原则。

适宜负荷原则指的是在训练过程中，根据个体的能力和训练目标，科学合理地确定适宜的负荷强度、持续时间和频率。训练负荷应该具有挑战性，但又不能过度负荷，以避免运动员的过度疲劳和损伤。适宜负荷的选择应考虑运动员的生理特点、训练阶段、竞赛周期等因素，以达到逐步提高运动员能力和保持身体适应性的目的。

区别对待原则指的是根据个体的差异性，有针对性地进行训练计划和方法的选择。每个运动员的身体素质、技术水平、发展潜力和训练适应能力都不尽相同，因此需要根据个体差异进行个性化的训练安排和指导。这包括根据运动员的年龄、性别、体能水平、运动特点等因素制订针对性的训练计划，以最大限度地发展每个运动员的潜力和优势。

适宜负荷与区别对待原则的应用可以有效提高训练效果和避免不必要的伤害。通过科学合理地确定适宜负荷，运动员可以促进身体适应性和提高运动能力。而通过区别对待，教练员可以根据每个运动员的特点和需求，进行针对性的训练，使训练更加有效和个性化。

因此，在体育训练中，教练员应当遵循适宜负荷与区别对待原则，以科学的方法和个性化的训练安排，促进运动员的全面发展和优化训练效果。

（三）全面发展与敏感期优先原则

全面发展与敏感期优先原则是指在体育训练中，注重运动员全面素质的发展，并在敏感期优先进行重点训练。

全面发展原则强调培养运动员在身体素质、技术能力、战术意识等方面的综合发展。运动员需要具备全面的身体素质，如力量、速度、灵敏性、柔韧性和耐力等，同时也需要掌握各种技术动作和战术策略。通过全面的训练，运动员可以获得更广泛的运动能力，提高在比赛中的适应能力和表现水平。

敏感期优先原则强调在运动员成长和发展的关键时期，即身体发育和神经系统发育最为敏感的阶段，优先进行相关训练。这些阶段包括童年和青少年时期的生长发育期、性别特定的生理发育期和技能敏感期等。在这些时期，运动员的身体适应性和学习能力较强，对相关素质和技能的训练会有更好的效果和长期影响。

综合运用全面发展与敏感期优先原则，教练员可以根据运动员的个体特点和发展需求，制订全面的训练计划，重点关注关键时期的训练内容和方法。例如，在童年时期注重全面的身体素质发展和基础技能的培养，在青少年时期注重特定项目的专项技能训练和战术意识的培养。通过有针对性的训练，教练员可以更好地促进运动员综合能力的发展和潜力释放。

总之，全面发展与敏感期优先原则是体育训练中重要的指导原则，它强调全面性和个体化，在培养优秀运动员和提高训练效果方面具有重要意义。

第五章　高校体育课程体系的构建

第一节　体育课程与课程改革以及课程的资源开发与利用

一、体育课程的内涵

凡是被纳入学校教学计划的、体育方面的、有目的、有计划、有组织的活动都应该包括在体育课程之中。体育课程不是一门学科的课程，而是全面教育中一个方面的综合课程。人们通常把它和其他课程，如语文、数学、物理、化学、历史、地理、音乐、美术等课程等量齐观，实际上这种看法是不正确的。学校体育课程是一种有别于上述课程的特殊课程，其特殊性表现在以下方面。

（一）目的、任务的特殊性

体育课程的目的是培养学生身体素质、发展运动技能、促进身心健康和培养良好的运动习惯，旨在通过体育活动，使学生在身体、心理和社交等方面得到全面的发展。

体育课程的任务具有以下特殊性。

1. 培养身体素质

体育课程致力于提高学生的身体素质，包括力量、速度、耐力、柔韧性和协调能力等方面。通过多样化的体育活动和训练，学生可以提高各项身体素质，增强身体的适应能力和抵抗力。

2. 发展运动技能

体育课程注重培养学生的运动技能，包括基本运动技能（如跑、跳、投、掷等）、专项运动技能（如篮球、足球、游泳等）以及团队合作和竞技能力。

通过系统训练和练习，学生可以掌握各项运动技能，并在实践中提高技能水平。

3. 促进身心健康

体育课程关注学生身心健康发展，通过体育活动和运动锻炼，促进学生身心平衡和健康。体育活动可以帮助学生释放压力，增强自信心，改善心理状态，提高学习和生活的品质。

4. 养成运动习惯

体育课程致力于培养学生良好的运动习惯和健康的生活方式。通过定期的体育活动和锻炼，学生可以养成积极参与体育运动的习惯，增强身体意识和健康意识，并将运动融入日常生活。

总之，体育课程目的和任务的特殊性在于通过体育活动和训练，全面促进学生身心发展和健康，培养学生的身体素质、运动技能和良好的运动习惯。它在学生全面发展的教育中起着独特的作用，对学生的成长和未来发展具有重要意义。

（二）科学基础的综合性

科学基础的综合性在体育课程中是非常重要的，它涉及多个学科领域的知识和理论。以下是体育课程中一些常见的科学基础。

（1）运动生理学

了解运动对身体的影响，包括能量代谢、心血管功能、呼吸系统、肌肉骨骼系统等方面的知识，以便指导运动训练和提高身体素质。

（2）运动心理学

研究运动对心理状态和行为的影响，包括动机、注意力、情绪、自信心等方面的知识，以便培养学生积极的心态和心理素质。

（3）运动解剖学和运动生物力学

了解人体结构和运动的力学原理，包括肌肉、骨骼、关节的结构和功能，以便正确理解和掌握运动技能与动作的执行。

（4）运动营养学

了解运动对营养需求的影响，包括能量、蛋白质、碳水化合物、脂肪、维生素和矿物质等方面的知识，以便合理安排饮食，满足运动员的营养需求。

（5）运动训练学

了解运动训练的原理和方法，包括训练计划的制订、训练负荷的控制、训练效果的评估等方面的知识，以便科学地进行训练和提高身体素质。

这些科学基础的综合性使得体育课程不是单一一门体育技能的训练课程，而是结合多个学科领域的知识，帮助学生全面理解和掌握体育的相关知识和技能。通过科学基础的综合性教育，学生可以更深入地了解体育的本质和价值，培养科学思维和综合分析问题的能力。

（三）教学时空的开放性和延伸性

学校体育课程在整个学校教育中具有重要的地位和作用。它不仅关注学生的身体素质和体能发展，也注重学生身心健康的促进和全面发展。

体育课程与其他学科课程相辅相成，共同培养学生各个方面的能力。通过体育课程，学生可以锻炼身体、提高体能、培养合作精神和团队意识，发展身体协调能力和运动技能，提高身心健康水平。

体育课程也能够培养学生的品德和道德素质。通过参与体育活动，学生可以形成尊重规则、尊重他人、团结合作、克服困难等价值观和道德观念，培养积极向上的人生态度。

体育课程还为学生提供了参与体育竞赛和比赛的机会。通过参与校内外的体育活动和比赛，学生能够锻炼自己的竞技能力，培养竞争意识，并体验到团队合作和个人成长的乐趣。

综上所述，学校体育课程在学校教育中具有独特的地位和功能，旨在培养学生的身体素质与品德和道德素质，促进身心健康，以及提供参与体育竞赛和比赛的机会，促进学生全面发展。

（四）对促进智力与非智力因素的特定作用

学校体育课程在促进学生智力和非智力因素方面具有特定的作用。

1. 促进智力发展

体育活动不仅仅是身体的锻炼,也涉及大脑的运动控制和认知过程。通过体育课程,学生参与各种运动和游戏,可以锻炼注意力、思维灵活性和判断力等认知能力。体育活动中的规则和战略,也可以促进学生问题解决和决策能力的发展。

2. 增强学习能力

体育课程可以提供学生集中注意力、保持专注和控制情绪的机会。这些能力对于学习其他学科和应对学习压力非常重要。体育活动中的协作和团队合作,也可以培养学生的社交技能和团队合作精神,这些能力对于学生学习和人际关系的发展都起着积极的作用。

3. 促进身心健康

体育课程不仅有助于身体的健康发展,也对心理健康有积极影响。参与体育活动可以减轻学生的学习压力和焦虑情绪,提高情绪管理和应对能力,增强自信心和自尊心。身体健康和心理健康是学生学习和成长的基础,体育课程在这方面起着重要作用。

综上所述,学校体育课程通过促进学生智力和非智力因素的发展,提高学生的认知能力、学习能力,培养社交技能和团队合作精神,促进身心健康。这些方面的发展对于学生综合素质的发展和学业成功都具有重要的影响。

二、体育课程改革的内涵

体育课程改革的内涵包括以下几个方面。

(一)素质教育导向

体育课程改革强调培养学生全面发展的素质,不仅注重身体素质的提高,还关注学生认知、情感、社交等综合素质的培养。体育课程从简单的技能训练转变为注重学生综合素质的培养,强调学生的个性发展和能力的全面提升。

(二)多样化的内容和形式

体育课程改革注重多样性和个性化,提供多种体育运动项目和活动形式供学生选择。除了传统的体育项目,体育课程还可以引入健身、户外活动、舞蹈、武术等多种形式，以满足学生的兴趣和需求。

（三）基于能力培养的课程设计

体育课程改革强调培养学生的运动技能和能力，注重学生在不同领域的运动表现和发展。通过设置具体的能力目标，课程设计更加关注学生运动技能、战略意识、协作能力、创新思维等方面的培养。

（四）强调运动文化和体育价值观

体育课程改革注重培养学生的体育文化素养和体育价值观，通过教授体育知识、传承运动文化，培养学生对体育的理解和热爱，促进学生形成正确的体育观念和价值观。

（五）教学方法的创新

体育课程改革鼓励教师采用创新的教学方法，注重学生的主体性和参与性，通过多种教学手段，如小组合作、问题解决、案例分析等，激发学生的学习兴趣和积极性，提高教学效果。

综上所述，体育课程改革的内涵包括素质教育导向、多样化的内容和形式、基于能力培养的课程设计、强调运动文化和体育价值观，以及教学方法的创新。这些改革旨在推动学生全面发展，培养他们的体育素养和综合能力，同时促进体育教育质量和效果的提升。

三、体育课程资源开发与利用的作用

（一）促进体育课程目标达成

体育课程资源的开发和利用对于推动体育课程改革和实现课程目标具有重要意义。以下是体育课程资源开发与利用具体作用体现的几个方面。

1. 资源保证

体育课程资源的开发与利用为体育课程目标的实现提供了资源保证，包括丰富的教材、器材设施、技术指导、专业人才等，确保学生能够充分接触和利用这些资源进行体育学习和实践。

2. 多层面标准实现

体育课程资源的开发与利用为体育课程的知识、过程与方法、情感与态度等多层面要求的实现提供了可能性。通过充分利用各种资源，教师可以设计丰富多样的教学活动，帮助学生全面发展和达到各项标准要求。

3. 学习支持系统

体育课程资源的开发与利用可以为学生提供学习支持系统，特别是在探究性、开放式和合作式学习方面。通过提供丰富的资源和指导，学生可以自主学习、合作学习和探索学习，培养创新思维和解决问题的能力。

4. 社会体育资源的开发

体育课程资源的开发与利用可以促进在家庭、社区和社会范围内开发新的体育活动资源。通过与社会体育场所和设施的合作，学校可以拓宽学生的体育学习和实践领域，丰富课程内容，提供更多的机会和途径让学生参与体育活动。

5. 校内外结合与社会化终身体育

体育课程资源的开发与利用有助于探寻校内外体育教育结合的途径，实现学校体育教育与社会体育的有机衔接。通过与社会各个系统的联系，学校体育教育实现全面发展，确立学校体育教育与终身体育的关系。

总的来说，体育课程资源的开发与利用对于推动体育课程改革、丰富学生体育学习经验、拓宽课程范围、与社会体育相衔接以及培养学生终身体育意识具有重要的作用。

（二）更好地促进学生的发展

正确地开发和利用体育课程资源可以更好地促进学生的全面发展。以下是一些具体方式。

1. 多样化的学习活动

借助丰富的体育课程资源，教师设计多样化的教学活动，包括团体竞技、个人技能训练、健身运动等，以满足不同学生的需求和兴趣，为他们提供多种选择，让学生在自己喜欢的领域发展，培养他们的潜力和兴趣。

2. 探索性学习

教师提供开放式的教学环境和资源,鼓励学生主动探索和发现知识。例如,引导学生研究不同体育项目的规则和技术,让他们自主设计和实施训练计划,培养他们的问题解决能力和创新思维。

3. 合作学习

教师利用体育课程资源促进学生之间的合作学习;运用组织团队活动、伙伴训练等形式,鼓励学生相互支持、协作和互动,培养他们的团队合作精神和社交能力。

4. 实践与应用

将理论知识与实际运动相结合,让学生通过实践和应用来加深对知识的理解和掌握;提供丰富的实践机会,例如参加比赛、表演、社区体育活动等,让学生将所学知识应用到实际情境中。

5. 反思与评估

鼓励学生进行反思和自我评估,帮助他们意识到自己的优势和改进的方向;通过提供反馈和指导,让学生认识到自己的成长和进步,激发学习动力和自信心。

综上所述,通过科学地开发和利用体育课程资源,教师可以提供多样化的学习机会和实践经验,促进学生身体、智力、情感和社交等多方面的发展。同时,也需要教师的引导和支持,激发学生的学习兴趣和潜力,创造积极的学习环境,让每个学生都能够充分发展自己的潜能。

(三)促进体育教师素质的提高

要促进体育教师素质的提高,可以采取以下措施。

1. 继续教育与专业发展

体育教师应参加专业培训、学术研讨会和教学研讨活动,不断更新教育理念和教学方法,通过学习新的教育理论和科研成果,提高自己的专业知识和技能。

2. 反思与自我评估

体育教师应不断反思自己的教学实践，从中寻找改进的空间，进行自我评估，发现自己的优势和不足，并努力改进不足之处。

3. 寻求反馈和指导

体育教师可以向同事、教育专家或教学指导员寻求反馈和指导，接受他人的意见和建议，不断改进自己的教学方法和教学效果。

4. 研究与创新

体育教师可以进行教育研究，关注体育教育领域的新研究成果，探索新的教学策略和方法，积极创新教学内容和形式，提高课堂的吸引力和有效性。

5. 参与专业组织和活动

加入体育教师的专业组织，参与相关活动，与同行分享经验、交流教学心得，从中获取更多的教学灵感和启发。

6. 建立合作关系

与其他学科教师和学校管理人员建立良好的合作关系。跨学科合作可以促进教师间的经验交流和资源共享，为学生提供更全面的教育服务。

7. 关注学生发展

关注学生的身心发展和需求，积极关注学生的学习进展和个性特点，不断调整教学方法，针对学生的不同需求提供个性化的学习支持。

综上所述，体育教师的素质提高需要不断学习与发展，通过专业培训、反思和自我评估、寻求反馈和指导、研究与创新等多种途径来提高教学能力和专业水平。重要的是持续关注学生的发展需求，并与其他教师和专家合作，共同提高教育质量。

四、体育课程资源开发与利用的原则

（一）多样性原则

体育课程资源应多样化，包括各种体育项目、运动器材、场地设施等。资源的多样性可以满足学生的不同兴趣和需求，为学生提供更丰富的学习体验。

（二）适应性原则

体育课程资源应与学生的年龄、能力和发展阶段相适应。资源的选择和设计应考虑学生的特点和需求，以促进他们的全面发展。

（三）教学目标导向原则

体育课程资源的开发和利用应与教学目标紧密相关。资源的选择和运用应有助于实现教学目标，提高学生的体育素养和技能水平。

（四）可持续性原则

体育课程资源的开发和利用应具有可持续性。资源应具备长期使用的可靠性和耐久性，为学校提供持续的教学支持。

（五）效果评估原则

体育课程资源的开发和利用应进行效果评估。通过评估资源的有效性和学生的学习成果，教师不断改进和优化资源的使用方式，提高教学效果。

（六）共享与合作原则

体育课程资源的开发和利用应鼓励共享与合作。学校之间、教师之间可以共享资源，互相借鉴和交流经验，提高资源的有效利用和开发水平。

（七）创新与更新原则

体育课程资源的开发和利用应积极推动创新和更新，关注新技术、新理念和新方法的应用，不断引入新的资源，以适应时代发展和学生需求的变化。

通过遵循这些原则，体育课程资源的开发和利用能够更加科学、有效地支持体育教学，为学生提供丰富的学习体验，促进学生的全面发展。

五、体育课程资源开发与利用的内容

（一）人力资源的开发和利用

开发和利用校内领导、班主任、体育教师、卫生教师、任课教师、学生、家长以及校外教练、社会体育爱好者的优势和体育特长，创设平台，引导他们参与学校的体育活动。

（二）**体育设施的开发和利用**

在课题实践中，开发校内外体育设施（如球场、空地、教室、健身馆、走廊、过道等），利用体育器材的特点，发挥其多功能作用，为实现教学目标服务。

1. 常规设施

操场、跑道、篮球架、足球门、单杠、双杠、天梯、滑梯、爬杆、领操台、乒乓球台等。

2. 常用器材

篮球、排球、足球、乒乓球、垒球、实心球、体操垫、体操棒、跨栏架、短绳、橡皮筋、毽子、哑铃、沙包、旗帜、塑料圈等。

3. 自制、代用器材

胶圈、胶棒、纸球、纸棒等纸制器材，饮料瓶、易拉罐、泡沫拼花地板、小木夹、彩带、双色帽、课桌凳，家庭生活用品（如小桶、小凳等）。

（三）**课程内容资源的开发和利用**

1. 改造和创新传统的教学内容

教师要在继承的基础上改造和创新教学内容，从整体健康观的角度出发，创造出新的适合学生生理、心理特点的教学内容、要求和方法，使之更好地发挥效能。

2. 发掘有地方特色的运动

在课题研究中，教师可将地方特色运动分成两类：一类是前人已有的，而现在被湮没或基本失传却在实践中被发掘、整理使之重现的运动，如滚铁环、打陀螺、踢毽子等；另一类是具有民风、民俗特征的活动内容，如竹竿活动、胶圈活动等，从中筛选出具有典型地方特色并符合学生特点的活动内容，进行教学实践研究。

3. 引进流行、时尚的课程内容

现代教育的最大优点就是它的时代性强。在体育教学中，教师要根据学生年龄和身心发展特征引入流行、时尚的课程内容，如定向运动、拓展运动、搏击、柔道、街舞、女子防身术等，以达到提高学生心理健康水平和社会适应能力的目标。

4. 自编、自创教材

体育课程的教学内容具有较大的不确切性，既给教师的教学带来了一定的困难，也给了教师广阔的创新空间。在课题研究中，学校要引导教师从学生身心特点、场地器材、教学实际出发，自编、自创教材，创造性地实践新课程。例如，在实践中进行体育故事、谜语、游戏、小器材的自编、自创等。

5. 开发来自学生生活的课程内容

体育课程要以学生的发展为中心，强调学生的主体地位。选择和处理教材内容不仅是教师的事情，也是学生的事情，学生才是学习的主体，他们的"动"与"不动"是课堂的核心。从学生生活中开发课程内容，教师可以在教学内容板块中给予学生发挥、畅想的空间。

（四）课外与校外体育资源的开发和利用

校外体育资源包括爬山、打球、亲子活动、社区竞赛、青少年活动中心培训、少体校训练、体育俱乐部活动、兴趣班活动以及各种节假日的体育活动和竞赛等。在课题实践中，学校要善于开发和利用以上载体，为体育教育、教学和课程改革提供支持，不断完善"以校为本"的体育课程资源开发和利用机制，并辐射周边社区和家庭，实现学校体育教育、课程和教学改革与发展的良性循环。

（五）自然地理资源的开发和利用

我国幅员辽阔，地域宽广，气象万千，地形、地貌千姿百态，蕴藏着丰富的课程资源，应重视开发和利用。例如，可开展春秋游、远足、爬山、散步、定向徒步、无线电测向运动、自行车慢骑、日光浴、游泳、打雪仗、滚雪球、堆雪人等课程活动。

（六）体育信息资源的开发和利用

在当今社会，教师要充分利用各种信息资源获取体育信息，不断充实和更新课程内容，提升专业素养。体育信息资源的开发和利用可以以校内广播、黑板报、挂图、比赛、体育小报、体育作文等为载体，增强体育校园文化的建设。在课题实践中，学校要引导学生主动通过广播、电视、网络等各种信息媒体途径获取体育信息，使学生懂得如何获取、整理、筛选、利用信息，并使其树立终身体育的理念。

第二节 高校体育课程目标分析

课程目标是教育目的和培养目标在教育过程中的具体化，是从课程的角度规定的人才培养的具体规格和质量要求，是指导整个课程的准则，也制约着教学结构、实施、评价等环节。

一、高校体育课程目标的内涵和外延

体育课程目标有总目标和体育学科课程目标。课程总目标依据体育教育内容的特点和学生阶段性心理发展需求而确定，主要对课程计划、教材编写、教学目标、教学原则起指导作用，是体育课程的指南、教材编写的依据，规定了体育课程实施和评价应达到的最低标准。

在我国以前的体育课程大纲、体育教科书以及教学参考书中，教育目的、教学要求、教学任务、教学目标这些术语概念几乎是通用的，而且使用率极高。但是，关于体育课程目标的术语概念，却从来没有使用过。随着我国课程改革的深入发展和体育理论研究综合化与细分化的并进，特别是课程论学科的兴起，新一轮课程改革制定的各科课程文件都把"课程目标"作为独立的部分来规定。为了更好地探讨体育课程改革，我们有必要把这些相关术语概念重新

加以框定。为了界定课程目标和其他若干相关概念的区别和联系,我们首先要界定课程目标,并厘清课程目标的本质和内涵。

课程目标是一门学科的核心,它是通过具体的教学活动使学生发生不同性质和程度的各种变化。课程目标是通过教学活动克服某些困难而一定要实现的要求。体育课程目标就是利用各种手段和方法,通过体育知识和运动技巧的教学活动,使学生的身体和思维产生不同类型和不同程度的各种变化。

(一)体育课程目标和教育目的的关系

体育课程目标是指在体育教学中所设定的具体、可操作的目标,旨在指导学生在体育学习和实践中所应达到的预期结果。教育目的是指整个教育过程中所追求的总体目标和意义,体现了对学生全面发展的期望。

体育课程目标与教育目的存在着密切的关系。体育课程作为教育的一部分,它的目标应当与整体教育目的相一致、相辅相成。具体来说,体育课程目标应当体现整体教育目的的以下几个方面。

1. 身体素质的发展

体育课程旨在培养学生的身体素质,提高身体健康水平,促进身体发育和机能的全面发展。这与教育目的中关注学生身体健康和全面发展的要求相一致。

2. 社会交往和合作能力的培养

体育课程通过团队活动和合作竞技,培养学生的社交技能、团队精神和合作能力。这与教育目的中培养学生良好的社会关系和合作能力的要求相符合。

3. 个人品质的培养

体育课程通过培养学生的意志品质、毅力、坚韧性和自律性,促进学生个人品质和心理素质的培养。这与教育目的中培养学生健全人格和良好品德的要求相呼应。

4. 教育价值观的传递

体育课程作为教育的一部分,也承担着传递教育价值观的重要任务。通过体育活动的开展，教师可以向学生传递积极健康的价值观念，如公平竞争、团队合作、努力奋斗等，与教育目的中培养良好的价值观和道德观念的要求相一致。

综上所述，体育课程目标与教育目的密切相关，通过体育课程的设计和实施，可以实现教育目的中关于身体健康、社交合作、个人品质和教育价值观的要求，促进学生全面发展。

（二）体育课程目标和体育课程的关系

体育课程目标是指在体育教学中所设定的具体、可操作的目标，旨在指导学生在体育学习和实践中所应达到的预期结果。体育课程则是指教学活动的组织形式和内容安排，是实现体育课程目标的具体实施方式。[①]

体育课程目标和体育课程之间存在着密切的关系。具体来说，体育课程目标对体育课程的设计和组织起着指导作用，体育课程则是体育课程目标的具体呈现和实现方式。

1. 指导作用

体育课程目标为体育教学提供了明确的方向和目标。它规定了学生在体育学习和实践中应该达到的各项能力和素质，并为体育课程的设计和实施提供了依据和指导。

2. 内容安排

体育课程的内容安排应当与体育课程目标相匹配。体育课程目标的不同维度和要求决定了体育课程内容的多样性和综合性。体育课程应包含与体育课程目标相关的各类体育活动和教学内容，以促进学生在不同方面的发展。

3. 教学方法

体育课程目标要求学生在体育学习中获得实践经验和运动技能，因此体育课程需要采用适合的教学方法和活动形式来达到这些目标。体育课程应结合

---

① 叶明、黄越：《我国高校体育课程目标的改革与分析》，《当代体育科技》，2014年第27期，第47–48页。

不同的教学方法，如示范教学、实践训练、合作学习等，以促进学生的综合发展。

4. 评价与反馈

体育课程目标为体育课程的评价和反馈提供了依据。通过对学生学习成果和综合素质的评估，教师可以判断体育课程目标的实现情况，并对体育课程进行调整和改进。

综上所述，体育课程目标是体育课程设计和实施的指导依据，它与体育课程的内容安排、教学方法、评价与反馈等方面密切相关。体育课程目标的明确和贯彻落实对于推动体育课程的有效实施和学生全面发展具有重要意义。

二、高校体育课程目标的功能

（一）定向功能

教学活动要达到什么结果，是受课程目标的指导和制约的。课程目标是教学实践活动的方向标，它在教学过程中起着指示方向、引导轨迹、规定结果的重要作用。教师要根据课程目标确定课时教学目标，又根据课时教学目标设计教学活动和实施教学。课程目标不仅制约着教学系统设计的方向，也决定着教学的具体步骤、方法和组织形式。教学过程受课程目标的指导和支配，并围绕课程目标展开。明晰的课程目标能够为教师的"教"及学生的"学"指明方向。

（二）控制功能

高校体育课程目标具有重要的控制功能，主要在以下几个方面起作用。

1. 指导学习内容和教学活动

高校体育课程目标明确规定了学生在体育学习中应该达到的各项能力和素质，包括身体素质、运动技能、协作能力等。这些目标可以指导教师在课程设计中确定学习内容和教学活动，确保教学内容与目标相匹配，促进学生全面发展。

2. 规范评价与考核

高校体育课程目标提供了评价和考核的依据。通过对学生的学习成果和综合素质进行评估，教师可以判断学生在体育学习中是否达到了预期的目标。评价与考核结果可以反馈给学生和教师，为教师进一步调整教学策略和提升教学效果提供依据。

3. 统筹协调课程设置

高校体育课程目标可以在整个课程设置中起到统筹协调的作用。明确的目标，可以确保不同学科的课程设置与体育课程目标相互协调，形成有机的课程体系。这有助于促进跨学科的综合学习和学科之间的融合，提升学生的综合能力。

4. 引导学生自主学习和终身学习

高校体育课程目标可以引导学生形成自主学习的意识和习惯，激发学生的学习兴趣和主动性。目标的设定应当注重培养学生的学习动力和学习能力，使他们具备终身学习的能力和意识，能够在毕业后继续进行体育锻炼和发展。

综上所述，高校体育课程目标具有重要的控制功能，它可以指导教师的教学内容和教学活动，规范评价与考核，统筹协调课程设置，以及引导学生自主学习和终身学习。这些功能有助于提升体育课程的质量和效果，促进学生的全面发展。

（三）激励功能

高校体育课程目标具有重要的激励功能，主要在以下几个方面起作用。

1. 激发学生的学习兴趣

明确的体育课程目标可以向学生传达学习的重要性和意义，激发他们对体育学习的兴趣。通过设定有挑战性和吸引力的目标，教师可以激发学生的学习动力，促使他们积极参与体育课程，提高学习效果。

2. 培养学生的自信心和成就感

体育课程目标的设定应当符合学生的实际情况和能力水平，具有一定的可实现性。当学生完成并超越设定的目标时，他们可以获得成就感和提升自信心，更加努力地学习和锻炼，追求更高的目标。

3. 促进个人成长和发展

体育课程目标不仅关注学生的身体素质和运动技能提升，还注重培养学生的团队合作能力、领导能力、创新能力等非智力因素。通过设定多样化的目标，教师可以激发学生在多个方面的成长和发展，促进他们综合素质的提升。

4. 激发学生对成功的追求和自我超越

体育课程目标的设定应当具有一定的挑战性，能够激发学生对成功的追求和自我超越的意愿。通过设立适当难度和能够实现的目标，教师可以激发学生的进取心和积极性，使他们不断挑战自我，追求更高的成就。

综上所述，高校体育课程目标具有重要的激励功能，它可以激发学生的学习兴趣，培养自信心和成就感，促进个人成长和发展，以及激发对成功的追求和自我超越的动力。这些激励功能有助于提高学生的学习动力和积极性，推动他们在体育学习中取得更好的成绩。

（四）评价功能

教学评价以课程目标为依据，明确的课程目标是进行评价的前提。

课程目标作为预先规定的教学结果，是测量、检查、评价教学活动成功与否、是否有效的尺度及标准。教学是一个系统的、由多因素构成并由各个环节连接而成的序列活动，测量和评价是教学活动周期的重要一环。它既要确定预定的课程目标是否实现或达到，又要确定目标达成度，还要获得调整目标的反馈信息，这些都要以既定的目标为尺度。课程目标描述具体的行为表现，能为教学评价提供科学依据。采用全面、具体和可测量的课程目标作为检验学生学习的依据，可以保证测验的效度、信度及测试的难度和区分度，使教学评价有科学的依据。

三、高校体育课程目标定位

高校体育课程的改革必须强调课程目标的核心作用，把课程目标置于课程改革和构建的首要地位。教育部颁发的《全国普通高等学校体育课程教学指导纲要》把体育课程目标划分为基本目标和发展目标两个层次，每一层次包括运动参与、运动技能、身体健康、心理健康和社会适应五个领域的具体目标。此外，课程目标贯穿"健康"这一主线，身体健康、心理健康和社会适应是整体健康观的三个方面，运动参与和运动技能可以理解为促进个体健康的条件。这一课程目标较好地结合了"终身体育"观和"健康第一"指导思想，使得体育课程目标真正把学生个体的发展和健康放在首要位置。虽然"全面健康"课程目标的提出实现了体育课程目标的多元化，但多功能化的课程目标开发不应违背体育课程强身健体的本质功能。

课程目标体系还存在以下几方面的不足：课程目标无法体现目标分类的区分性而难以细化；体育课程的学科目标与超学科目标主次不分明；没有反映出现代社会对学生的要求；没有突出从学校有组织的体育锻炼到社会自发的体育锻炼这一高校体育的特殊环节；把作为教育过程主要目标之一的健康与体育相提并论，并以此作为体育的课程目标，会使体育课程不堪重负。从课程论和教育心理学角度来看，有的目标混淆了技能与能力两个内涵根本不同的概念，且遗漏了方法和方法论的目标，把不是目标的过程当作目标。甚至在知识与技能、方法与能力、情感态度与价值观三个层面的课程目标之间逻辑关系不清，先后顺序矛盾。因此，课程目标也存在发展和完善的必要性。为了构建高校体育课程目标体系，我们有必要弄清这些基本问题。

（一）过程与目标

课程目标和教学过程是密切相关的，它们相互支持、相互补充，共同促进学生的学习和发展。

课程目标是对学生所期望达到的知识、技能、态度和价值观等方面的总体描述。它们指导教学的方向和内容，明确学生应该具备的能力和素质。课程目标可以拆解为更具体的教学目标，以指导具体的教学活动。

教学过程是实现课程目标的具体活动和步骤。它涉及教师的教学方法、教学资源、组织管理等方面，以及学生的参与和学习过程。在教学过程中，教师应贯彻课程目标，将目标转化为具体的教学内容和任务，运用适当的教学方法和评估手段，引导学生参与学习、实践和反思，以实现课程目标。

过程与目标是不同的概念：过程强调的是学生的学习和发展的实际活动，目标则是对学生所期望达到的结果的描述。过程是实现目标的手段和保障，目标则是指导和评估过程的标准。因此，在构建体育课程目标时，教师要强调过程的重要性，并确保教学过程与目标的一致性和有效性。

我们也要注意区分过程和方法的概念。方法是指在教学过程中采用的具体教学手段和策略，是实现过程和目标的具体工具。过程可以包含多种方法，方法则是在过程中运用的具体方式。因此，不能以过程代替方法，而是要在过程中选择和运用合适的方法来实现课程目标。

综上所述，课程目标和教学过程是相互关联、相互支持的概念。课程目标指导教学过程，教学过程则是实现课程目标的手段和保障。在教学过程中，教师应贯彻课程目标，将其转化为具体的教学任务和内容，并运用适当的方法和策略，以促进学生的学习和发展。

（二）知识、技能和能力

知识是关于事物的认识和理解，是对现实世界的描述和解释。它可以通过学习、研究、经验等途径获得，是人们对事物认知的理论基础。

技能是通过实践和经验习得掌握特定任务的能力。它涉及对知识的应用和动作的掌握，需要反复练习和实践来提高熟练程度。

能力是个人完成某种活动所必需的心理特征和能力。它包括认知、情感、社交和动态调节等方面的心理过程。能力是相对稳定和持久的，与个体的心理特点和潜能有关，可以通过培养和训练来发展和提高。

在制定课程目标时，教师可以将知识、技能和能力作为目标要素，并将其纳入目标的描述和规划中。例如，课程目标可以包括获得特定知识的能力、掌握特定技能的能力，以及发展特定的认知能力或社交能力等。课程目标应该明确地描述学生应该达到的知识、技能和能力，以指导教学的设计和评估。

尽管知识、技能和能力密切相关，但它们确实是不同层面的内容，不应将其混为一谈。理解它们的区别和内涵，有助于教师更准确地制定课程目标，确保目标的全面性和连贯性，并为学生的学习和发展提供指导和支持。

（三）方法和方法论目标

科学的方法和方法论是人们认识自然和社会现象的有力武器。"授人以鱼，不如授人以渔"，传授给人知识，不如传授给他学习知识的方法。方法和方法论多种多样，体育学科也有其独特的方法和方法论。教育部颁发的《全国普通高等学校体育课程教学指导纲要》在基本目标层次的运动技能目标中提到，要熟练掌握两项以上健身运动的基本方法和技能，掌握常见运动创伤的处置方法。此处的"方法"是指具体的操作方法，与方法论中的"方法"相差甚远。方法和方法论是应被列入课程目标体系的一个层面的目标。

（四）知识与技能、方法与能力、情感态度与价值观各层面的目标

知识和技能是基础层面的目标，它们是课程中学生应该掌握和应用的具体内容和能力。知识包括学生对事实、概念和理论的了解和掌握，技能则是学生在实践中运用知识解决问题和完成任务的能力。

方法和能力属于第二层面的目标，它们更具有普适性和综合性。方法是学生掌握和应用知识与技能的方式和途径，包括问题解决的思维方法、学习和研究的方法等。能力是指学生在特定领域或任务中展现的心理特征和能力，它涉及认知、情感、社交和动态调节等方面的能力。

情感态度与价值观层面的目标是最高层次的目标，它涉及学生对自我、他人和社会的态度与价值观。它们反映了学生的情感情绪、道德观念、人际关系等方面的发展，是学生内在驱动力和行为导向的重要因素。

在课程目标的构建过程中，教师需要充分考虑这些目标的关系和层次。知识和技能是基础，方法和能力是实现基础的手段和能力，情感态度和价值观则是更高层次的内在驱动力和价值观。课程目标应该明确地描述学生在这些方面的发展和达到的期望水平。

第三节　高校体育课程设置和课程的学习与评价

一、高校体育课程设置模式分析

我国在高校体育课程改革和实践中，对现代体育教育思想进行了全面贯彻，且已经对体育课程模式的改革活动进行了不同程度的实施。在经历了一定阶段的发展、"聚类"和"沉淀"以后，我们可以将这些模式归纳、总结为以下几种典型类别。

（一）体育选修课模式和必选课模式相结合

我国的部分高校已经建立了一年级、二年级体育选修课的主体教学模式，其中比较有代表性的是清华大学。同时，还设立了校定特色体育必修课，规定了校定特色体育必修课课程设置模式的基本考核标准，要求高校的每一位学生都要通过。应用体育选修课和校定特色体育必修课相结合的模式，首先需要配备充足的体育师资力量，其次还要学校政策的支持与财力支持，保证有较好的教师工作待遇等。只有这样，才能够提高学生的体育基本素质，增强学生的体育锻炼意识。

（二）"完全教学俱乐部"模式

"完全教学俱乐部"模式在我国部分高校的应用，比较有代表性的是深圳大学。这一模式的主要思想是按照学生的体育学习兴趣与爱好，全面实施体育课程俱乐部模式，让学生能够完全自由选择体育运动项目、体育运动实践、体育教师。同时，把体育课程教学的俱乐部逐渐向外发展，延伸到课外体育俱乐部。通常来讲，在"完全教学俱乐部"模式中，教师主要应用了指导制的形式。在应用"完全教学俱乐部"模式的时候，通常要求有条件优良的体育课程场馆设备，同时，对于吸引力也有一定的要求。此种教学模式属于教育制度中的完全学分制。此外，还要求学生具备较好的体育基本素质与较高的体育锻炼积极性和体育自我锻炼的意识，具备良好的体育学习习惯与体育能力。"完全教学俱乐部"模式充分保证了体育课程教学的时间，在完善的、专业的师资结构下，使学生的体育学习需要得到充分满足。①

（三）体育课程俱乐部模式和体育选修课模式相结合

我国部分高校构建了网上自由选择体育课程、选择时间和体育教师的体育课程俱乐部模式，其中比较有代表性的是浙江大学。这一模式仍旧按照班级授课的方式开展体育课程活动，并且通过学期选修课或者必修课形式实施体育课程管理。从实质上来讲，体育课程俱乐部模式是存在于完全教学俱乐部模式和体育选修课模式之间的一种教学模式。在使用此教学模式的时候，对于体育师资与项目群的储备存在要求，学生要具备较强的选择性，还离不开体育课程专门选课系统的有力支持。值得说明的是，同完全教学俱乐部模式相比较，此种模式没有那么高的体育课程硬件设施要求。但在课程的可选择性问题上，学生很难不受到课程设置模块、课程授课时间和师资力量的制约。

（四）体育基础课模式和体育选修课模式相结合

我国的部分高校已经构建了一年级的基础课、二年级的选修课，或者是第一学期的基础课，第二、三、四学期的体育选修课教学模式。通常来讲，体育基础课授课形式是按照行政班级的方式，体育选修课则是按照实际报名情况或者网上选择的具体情况来对体育班级进行编制的方式开展的。此模式较多地强调了学生身体素质发展的重要性，对于校定特色体育与一些传统体育运动项目教学与考核的顺利开展是非常有利的，还能够促进体育课程组织管理工作的全面实施。②

二、高校体育课程的学习

体育学习是以运动技术的学习为中心而开展的活动。它是一种综合性很强的学习活动，既包含了技能学习，也包含了认知学习、社会学习和情感培养。

---

① 许志刚：《高校实施完全体育俱乐部制的背景与目的》，《课程教育研究》，2017年第43期，第188-189页。
② 王钰、曹峰、齐欣：《完全学分制下高校体育教学俱乐部的实施路径》，《体育世界》（学术版），2020年第1期，第143-144页。

（一）体育学习的过程

1. 体育知识和运动技术的学习过程

学习过程是通过感知、记忆、反应等环节表现信息的流程或转换。

（1）感知

教师在课堂上通过示范等直观方式，将技术动作向学生进行展示并讲解，学生通过视觉和听觉将这些刺激转换成神经信息，进入感觉登记器，有的信息被记录了下来，而有的则被遗忘。

（2）记忆

被感受器登记了的技术动作有关信息很快进入短时记忆储存，并经过信息编码进入长时记忆。信息在此时被编码，即在短时记忆中以知觉方式存在的动作印象这时转换成了动作概念、要领和动作表象等形式。

（3）反应

当学生根据要求做出该技术动作时，他们会对长时记忆储存进行检索、提取，从而根据技术动作的概念和要领等做出动作。即学生对该技术动作已有所习得，表明学习确已发生。

2. 体育知识与运动技术的学习阶段

从加涅的信息加工学习理论模式来看，学生每一个具体、完整的学习活动，其过程可以分为以下八个阶段。

（1）动机

学生有了学习的动机和期望，就会使学习行动指向学习的目标。

（2）领会

学生对所学的体育知识和技术进行了注意和选择性知觉。

（3）习得

即信息被重新编码。例如，技术动作由短时记忆中的视觉印象转换成了动作的概念、要领、口诀、顺口溜及动作表象等。

（4）保持

学生将习得并经过编码的信息储存在长时记忆中。由于新旧信息的干扰，有的内容会被遗忘，而有的会被保持下来。为了使保持下来的信息更多，学生就要加强动作技术的重复性。

（5）回忆

它是指对储存在长时记忆中的内容进行搜寻或检索的过程。这个过程往往要通过外部环境提示某些情境或刺激才能完成。

（6）概括

学生提取习得信息的过程并不是总在最初学习信息时的情境中，而是将习得的知识技能运用到类似的情境中，即为概括阶段。

（7）作业

作业（反复练习）可以反映学生是否已经习得了所学习的内容。

（8）反馈

当学生得到他的学习行为使一定的预期得以实现这个信息后，学习的行为就完成了。反馈是学习者通过对其行为效果的观察提供的。如果学习的目的是习得某项运动技能，反馈则来自成功地展示这种运动技能。

（二）运动技能的形成过程

运动技能的形成是一个逐步发展的过程，通常包括以下几个阶段：

1. 认知阶段

在这个阶段，学习者通过观察和理解运动动作的基本要素与规则，开始了解动作的目标、结构和执行方式，并逐渐建立起对运动技能的概念和认知。

2. 模仿阶段

在这个阶段，学习者通过观察和模仿他人的运动表现，尝试复制他们所看到的动作。通过反复模仿和练习，学习者逐渐熟悉并掌握了运动技能的基本要素和执行方式。

3. 练习阶段

在这个阶段，学习者通过不断练习和重复，逐渐改善和提高运动技能。他们开始注重细节和精确性，逐步增加动作的复杂性和难度，并通过反馈和调整来改进自己的表现。

4. 自动化阶段

在这个阶段，学习者的运动技能已经变得相对流畅和自然，可以在不过多思考的情况下执行。他们能够根据环境和任务要求做出适当的反应，并且能够快速适应和调整自己的动作。

需要注意的是，每个人的学习和发展速度不同，在形成运动技能的过程中可能会经历不同的过程。此外，专业教练的指导和适当的练习环境也对学习者运动技能的形成起着重要的促进作用。

在整个过程中，反馈和调整是非常关键的。学习者需要及时获得准确的反馈信息，了解自己的优势和改进的方向，调整和改进自己的动作执行。这种反馈可以来自教练、同伴、视频分析等。

总之，运动技能的形成是一个渐进的过程，需要经历认知、模仿、练习和自动化等阶段。通过适当的指导和反馈，学习者可以逐步提高和完善自己的运动技能。

三、高校体育学习的评价

（一）体育学习评价的内容

1. 技能水平评价

评估学生在特定体育项目或技能方面的表现水平。可以通过观察和记录学生的动作技能、技术正确性、灵活性、协调性和精确性等来评价。

2. 战术应用评价

评估学生在实际运动中的战术应用能力，包括对比赛局势的判断、战术决策和团队合作等方面的评价。

3. 身体素质评价

评估学生的身体素质水平，包括力量、速度、耐力、柔韧性和敏捷性等方面。

4. 认知知识评价

评估学生对体育理论知识的掌握和理解程度，包括规则、战术策略、运动生理等方面。

5. 情感态度评价

评估学生对体育活动的兴趣、参与程度和团队合作精神等方面。

6. 个人进步评价

评估学生在体育学习过程中的个人进步和发展，包括技能提高、身体素质改善和战术意识增强等方面。

评价内容可以根据不同的学校、年级和课程要求进行调整和补充。评价方法包括观察记录、测试和测量、作品展示、口头表达和自我评价等多种形式。评价应该具有客观性、准确性和公正性，能够提供对学生发展有用的反馈和指导，激励学生积极参与体育学习并持续改进自己的能力和表现。

（二）体育学习评价的方法

体育学习评价可以采用多种方法，应根据评价的目的、内容和学生特点进行合理选择。以下是一些常用的体育学习评价方法。

1. 观察记录

通过观察学生在体育活动中的表现，教师记录其技能水平、战术应用、身体素质、合作能力等方面的表现。观察可以直接进行，或借助录像回放等工具进行。

2. 测试和测量

利用测验工具对学生的体能、技能、认知等方面进行定量评估。例如，进行身体素质测试、技能测验、知识问答等。

3. 作品展示

要求学生制作展示作品，如运动视频、战术分析报告、体育科普文章等，以展示他们在体育学习中的成果和对体育学习的理解。

4. 口头表达

要求学生进行口头演讲、讨论或展示，分享他们对体育知识、技能和经验的理解和体会。

5. 自我评价和同伴评价

学生进行自我评价，反思自己的学习过程和表现，并进行互相评价，提供反馈和建议。

6. 综合评价

综合考虑观察、测试、作品展示、口头表达等多种评价方法的结果，形成全面的评价意见和综合评分。

在选择评价方法时，教师需要注意评价方法的准确性、客观性和公正性，同时要根据学生的年龄、能力和特点选择适合的评价方式。此外，评价应该具有及时性，及时向学生提供反馈和建议，促进其进一步学习和发展。

第六章　高校体育与健康课程的教学评价和策略改革

第一节　高校体育与健康课程的教学评价改革

一、高校体育与健康课程教学评价改革的新理念

（一）体育与健康教学特点与教学评价

1. 学生在体能与技能方面的差异较大

大学生正处在身体生长发育的快速增长期，在身体形态、身体素质和运动能力等方面的先天差异明显。在体育教学中经常表现出有的学生无论怎样努力，运动成绩也不能合格，而有的学生即使不怎样练习，也能取得较好的成绩的现象。这给体育教师进行学生学习评价带来了新的难点，提出了更高的要求。在激发、调动学生积极参与和挖掘学习潜能之外，教师还要充分考虑学生自身的努力和进步的幅度，实现全体学生的进步和发展。

2. 体育学习评价的视角较多

从体育教学评价的形式看，有过程性评价和终结性评价两个视角。

从体育教学评价的主体看，有教师对学生的评价、学生的自我评价、学生之间的评价、其他人员的评价（班主任和家长）等视角。

从体育教学评价的方式看，有定性评价和定量评价的视角。

从体育教学评价的方法看，有书面测试、体能达标、技能评定和学习态度、情意表现判定等视角。

因此，体育学习评价是多视角、多方式并用的评价：既要科学、合理、全面，又要具有可操作性；既要促进学生的进步和发展，又要促进教师教学水平

的不断提高。

3. 体育教学的外显性特点

体育与健康课程是以身体练习为主要手段，以学习体育与健康知识、技能和方法为主要内容，以增进学生健康、培养学生终身体育意识和能力为主要目标的课程。学生进行身体练习和掌握运动技能时，动作做得好不好，跑得快不快，跳得高不高，其他同学都看在眼里，挂在嘴上，学生体育学习的程度和水平具有很强的外显性特点。这与其他学科的表现形式有很大的不同，因为其他学科的教学成果主要是大脑中的认知、记忆和理解，从外部看不出来，不具有很强的外显性。因此，这个特点使得一部分体育能力强的学生愿意在大庭广众之下充分表现和展示自己，而另一部分体育能力弱的学生在练习时感到难堪。教师要充分地认识体育教学的这个特点，正确、及时、恰当地运用过程性评价方式，来调动学生练习的积极性，使体育教学评价发挥激励与发展的作用。

（二）新课程改革中的体育与健康教学评价观

新课程改革将体育与健康教学评价作为一项重要内容，教学评价观有以下几个方面。

1. 强调尊重学生的主体性

体育课程十分重视学生在学习过程中的主体性，从课程设计到学习评价，始终以促进学生的身心发展为中心，致力于对学生的理解而不是对学生的控制。评价应该成为充满人文关怀和理解的过程，提高学生在评价过程中的参与程度，参与评价内容的选择、标准的确定、评价结果的解释。学生通过亲身参与评价，能够更深入地认识自己与评价要求的差异和距离，充分调动学习的积极性和主动性。

体育课程评价重新审视了教师与学生之间的关系，重新思考学生在评价过程中的角色和地位。教师应该尊重每名学生独立的体育运动能力、精神世界和心灵体验，使体育课程评价成为教师与学生之间平等交往的活动，通过评价活动促进学生的自我反思，帮助学生自我成长。

2. 强调评价主体、评价内容的多元化和评价标准的差异性

如果把评价当作为学生提供反馈、建议和促进发展的途径，那么多元的评价主体将更有利于学生的进步和发展。对于学生体育学习评价来说，多元的评价主体包括教师、学生、同学和家长。这些不同的评价主体从各自的角度出发进行的评价对学生的体育学习发展有着独特的作用。教师的评价体现了体育教育目标、体育课程标准以及学生体育学习发展的要求；家长的评价反映了家庭、社会对下一代身体健康成长的期待，往往能提供体育教师看不到的东西；同学之间的互评使学生能够加深对评价标准、要求的理解，提高自己客观评价的能力；学生的自我评价可以使学生养成自我反思的习惯，形成正确认识自己的能力。

体育教学评价不仅要关注学生的知识、体育技能的掌握，更应关注学生的情感、态度、价值观、人生观、意志品质、生活态度、合作精神等非智力因素的发展。因此，评价的内容要多元化。体育与健康课程标准关于学生学习成绩评定的内容包括体能、知识与技能、态度与参与、情意与合作四个方面。

体育课程改革注意到统一的评价标准不利于不同社会环境中不同特点学生的发展。评价标准应是学生前进目标和发展方向的具体体现，因而评价标准应具备个性的针对性，求大同，存小异。

3. 倡导动态的、过程性的评价

以往对学生的体育学习评价注重于学期结束前对学生体能及运动技能的测定，并将其作为学生体育学习的最终成绩。它主要评价学生体育学习的结果，基本不关注学生体育学习的过程，不关注学生体育学习过程中究竟有过哪些疑惑，怎样解除疑惑，当然就谈不上评价学生对运动知识和技能的兴趣与探究的能力了。

体育课程评价不仅要评价学生掌握了多少运动技术，提高了多少运动成绩，记住、理解了多少体育与健康知识，更要评价学生是如何获得运动技术和体育与健康知识和应用运动技术、体育与健康知识的。它包括学生在学习运动技术和体育与健康知识的过程中经历了什么样的思考过程，对于运动技术和体育与健康知识的意义及用途有怎样的理解，等等。

将动态的过程性评价与终结性评价有机地结合起来，给予学生多次评价的机会，目的在于促进学生的转变与发展。教师还要将评价贯穿于平常的体育教学行为中，使评价日常化、通俗化。

二、高校体育与健康课程的学习评价改革

学生体育与健康学习评价是以体育与健康课程标准为依据，运用可操作的科学手段，通过系统地收集有关信息，对学生体育与健康学习的过程和结果做出价值判断，并为学生的发展和自我完善提供依据的过程。学生的体育与健康学习评价是新一轮体育课程改革的重要内容。在体育与健康课程中，如何科学合理地评价学生的体育与健康学习成绩，促进学生积极参与体育活动，使学生的健康水平得到全面发展，将是广大体育教师重点关注的问题。

（一）学生体育与健康学习评价的目的意义

1. 提供反馈和指导

通过评价，教师可以向学生提供有关他们体育与健康学习情况的反馈和指导，帮助他们了解自己的优势和不足，并提供针对性的改进建议。这有助于学生进一步发展和提高自己的体育与健康水平。

2. 激发学习动机

评价可以激发学生的学习动机和兴趣，让他们意识到自己的进步和成就，从而增强学习的积极性和投入度。学生在评价结果的基础上，感受到自己的成长和进步，进而更有动力进行体育与健康学习。

3. 个性化发展

评价可以帮助学生发现和发展个人特长和潜力，在特定领域或项目中有所展现，从而促进个性化的发展。学生可以根据评价结果，进一步挖掘和发展自己的优势，形成独特的体育与健康素养。

4. 促进终身参与

通过评价，学生可以认识到体育与健康学习的重要性和意义，培养终身参

与的意识和习惯。他们会意识到体育与健康不仅仅是学校课程的一部分,而是日常生活的重要组成部分,对个体身心健康和全面发展至关重要。

5. 促进社交互动

评价可以促进学生之间的社交互动和合作,培养团队合作和沟通能力。学生可以通过互相评价和讨论,分享彼此的观点和经验,相互学习和帮助,形成良好的学习氛围和合作关系。

总之,体育与健康课程学习评价的目的和意义在于帮助学生全面发展、个性化发展,激发学习动机和终身参与,提供反馈和指导,并培养社交互动能力,从而实现体育与健康教育的综合目标。

(二)体育与健康学习评价的主要内容

体育与健康课程标准将课程目标分为运动参与、运动技能、身体健康、心理健康与社会适应四个学习方面,明确了各水平段学生应达到的目标和评价建议。教师在教学过程中应结合课程目标的达成与评价的四方面内容进行整合。

体育与健康课程标准在继承以往学习评价内容(体能、技能)的基础上拓展了学习评价的内容,具体包括四个方面:体能、知识与技能、态度与参与、情意与合作。它体现了促进学生全面发展的教育理念,增强了学生体育学习的积极性,使学生有更多的机会体会到评价的激励作用,体现了评价的公平性和教育功能。

体育与健康课程标准设定的课程目标与评价要点如下。

1. 体能评价

体能评价是对学生身体素质的测量和评估,包括有氧耐力、肌肉力量、灵敏性、柔韧性等方面。通过测试和测量,教师可以了解学生的身体素质水平,并与相应的标准进行比较,评估学生的体能水平。

2. 技能评价

技能评价是对学生运动技能的评估,包括运动技术的正确性、技术动作的流畅度、动作的协调性和精准性等方面。通过观察、记录和评分等方法,教师可以评估学生在不同运动项目或技能要素上的表现水平。

3. 知识评价

知识评价是对学生有关体育与健康知识掌握和理解程度的评估，包括对规则、战术、战略、健康知识等方面的理解和应用能力。通过测试、问答、作业等形式，教师可以考查学生对相关知识的掌握程度和应用能力。

4. 行为评价

行为评价是对学生在体育与健康学习中的行为表现进行评估，包括学生的参与度、合作精神、自我管理能力、道德品质等。通过观察、记录和评估学生的行为表现，教师可以了解学生在体育与健康学习中的态度和行为习惯。

5. 情感态度评价

情感态度评价是对学生在体育与健康学习中的情感态度和价值观进行评估，包括学生对体育与健康的兴趣、自信心、自我激励能力以及对身体活动和健康的认识和态度等。通过问卷调查、访谈等方式，教师可以了解学生对体育与健康的情感态度和价值观。

综合以上内容，体育与健康学习评价旨在全面了解学生在体能、技能、知识、行为、情感态度等方面的学习情况和表现，并为学生提供反馈和指导，促进他们全面发展和个性化发展。

（三）体育与健康学习评价的方法

体育与健康学习评价的方法可以多样化，教师要根据评价内容和目的选择适合的方法。以下是一些常用的评价方法。

1. 观察评价

通过观察学生在体育与健康学习中的行为表现，包括技能动作的正确性、参与度、合作精神、自我管理能力等，教师对学生表现进行评价。教师还可以通过观察记录、视频录制等方式收集观察数据，并根据预设的评价标准进行评估。

2. 测量评价

使用测量工具和设备对学生的身体素质和运动技能进行测量和评估。例如，通过跑步测试、力量测试、灵敏性测试、柔韧性测试等评估学生的体能水平，通过技能测试、项目表演等评估学生的运动技能水平。

3. 笔试评价

使用书面考试或问卷调查等形式，教师可以评估学生对体育与健康知识的掌握程度和理解能力。如设置选择题、填空题、解答题等不同类型的题目，考查学生对相关知识的记忆、理解和应用能力。

4. 个案评价

对个别学生进行深入评估，了解其在体育与健康学习中的特点和发展情况。教师可以通过个别访谈、学习记录分析、作品展示等方式，收集学生的个案资料，进行评估和反馈。

5. 自评和互评

学生对自己的学习进行自我评价，同时参与互相评价。教师可以通过学生自我评价、同伴评价、小组评价等方式，让学生参与到评价过程中，培养他们的自我认知和评价能力。

6. 综合评价

综合考虑观察评价、测量评价、笔试评价、个案评价等多种方法和数据，对学生在体育与健康学习中的整体表现和发展情况进行综合评估。教师可以使用评价表、综合评价报告等方式，对学生进行全面评价。

在选择评价方法时，教师需要根据评价目的、学生特点和课程要求进行合理选择，并确保评价的公正性、客观性和有效性。同时，要注重评价结果的及时反馈和对学生的指导，帮助他们认识自身的优势和不足，促进学生进一步的学习和发展。

（四）体育与健康学习评价的注意事项

1. 公正和客观性

评价应该公正、客观，不受主观偏见和个人喜好的影响。评价者应尽可能客观地观察和评估学生的表现，避免个人偏见对评价结果产生影响。

2. 多样性和全面性

评价方法应多样化，覆盖体育与健康学习的不同方面，包括身体素质、运动技能、知识掌握、态度情感等。评价结果应全面反映学生在各个方面的发展情况，避免采取片面和单一的评价标准。

3. 及时反馈和指导

教师应及时将评价结果反馈给学生，并提供具体的指导和建议，帮助他们认识自身的优势和不足，制订改进计划。评价不仅是对学生的判定，更是对学生的发展和进步提供支持和引导。

4. 鼓励和激励

评价应该鼓励学生，激发他们的学习兴趣和积极性，通过肯定学生的努力和成绩，给予他们自信和动力，促进他们在体育与健康学习中进步和发展。

5. 参与和合作

教师可以在评价中引入学生的参与和合作，让他们参与到评价过程中，进行自我评价和互评，通过学生之间的合作和反馈，促进他们对自身学习的认知和反思，提高自我管理和评价的能力。

6. 注重个体差异

评价应考虑学生的个体差异和特点，不同学生有不同的学习需求和发展速度。评价结果应尊重学生的差异，给予学生个别化的指导和支持，帮助他们实现个人潜能的发展。

评价是体育与健康学习的重要组成部分，应该被视为促进学生发展的有益工具。在评价过程中，教师应以学生为中心，关注他们的全面发展，为他们提供积极、有意义的评价经验。

三、科学评价体育教师

课堂教学评价是以教学目标为依据,运用可操作的科学手段,对教学活动的过程做出价值上的判断。也就是说,教学目标制定得是否合理,课堂教学行为是否恰当,教学效果质量如何,都需要根据课堂教学评价来判别。如何客观而又全面地评价体育课堂教学,是全面实施体育与健康课程标准的重要方面,是课程改革向健康方向发展的前提和保障。教师教学评价是课程评价的重要内容。运用恰当的评价理论和方法对教师的体育教学活动和结果进行评价,是提高教学质量的重要手段。

(一)课堂教学评价的目的意义

1. 是完善教学系统的重要环节

课堂教学评价是完善教学系统的重要环节,它对于提高教学质量、指导教学改进、激发学生学习动力和促进学生全面发展具有重要意义。以下是课堂教学评价的几个重要方面。

(1)评价学生学习成果

课堂教学评价应关注学生在知识、技能、思维能力和情感态度等方面的学习成果。通过考查学生的理解、应用、分析和创造能力,教师可以全面了解学生的学习水平和能力发展情况。

(2)反馈与指导

教师应将评价结果及时反馈给学生,帮助他们了解自己的优势和不足,并提供具体的指导和建议。教师可以通过评价结果向学生解释他们的学习进展,为他们制订进一步提升的计划,并提供个别辅导和支持。

(3)评价教学效果

课堂教学评价可以帮助教师了解自己的教学效果,判断教学方法和策略的有效性,为教学改进提供依据。通过观察学生的反应、听取他们的观点和建议,教师可以了解教学过程中存在的问题,并采取相应的措施进行改进。

(4)促进学生参与和合作

课堂教学评价可以鼓励学生积极参与和合作,培养他们的团队合作能力和沟通交流能力。通过互相评价和合作学习，学生可以促进彼此之间的学习和成长。

（5）鼓励自主学习和探究

课堂教学评价应该鼓励学生的自主学习和探究精神，培养他们的自主学习能力和解决问题的能力。通过评价结果的引导，学生可以主动参与学习过程，发展自己的学习策略和方法。

（6）公正和客观性

课堂教学评价应当公正、客观，避免主观偏见和个人喜好的影响。评价应基于明确的标准和准则，以确保评价结果的准确性和可信度。

2.具有评价的导向作用，有利于贯彻新课程标准，提高教学质量

评价的导向作用是课堂教学评价的重要功能。通过评价，教师可以更好地贯彻新课程标准理念，促进教学质量的提高。以下是评价的导向作用所表现的几个方面。

（1）对教师的指导作用

评价结果可以为教师提供反馈和指导，帮助他们了解自己的教学效果，发现问题并进行教学改进。通过评价结果，教师可以了解学生的学习情况，如学习困难和学习需求，进而调整教学策略和方法，提高教学效果。

（2）对学生的激励作用

评价可以激励学生积极参与学习，提高学习动力和学习兴趣。当学生看到自己取得了进步和更好的成绩，他们会更有信心和动力继续努力学习。评价结果还可以帮助学生发现自己的优势和不足，激发他们进一步发展和提高的欲望。

（3）对课程的改进作用

评价可以帮助课程负责人或教研组了解课程的实施效果，发现课程的不足和问题，从而进行课程改进和优化。通过评价结果，课程负责人或者教研组可以调整课程内容、教学资源和教学方法，以更好地满足学生的学习需求，符合课程目标要求。

（4）对教育政策和决策的支持作用

评价结果可以为教育决策者提供依据和参考，帮助他们了解教育实施的效果和问题，制定相应的政策和措施。评价可以为教育政策制定者提供数据和证据，支持教育政策的制定和调整，促进教育改革的推进。

总之，评价的导向作用可以有效指导教师的教学实践，激发学生的学习兴趣和动力，推动课程的改进和优化，为教育决策提供科学依据，进而提高教学质量和促进教育发展。

3. 有利于教师专业素质的不断提高

（1）加强反思和自我发展

通过评价，教师可以对自己的教学进行反思和评估，了解自己教学方法的优势与不足。这种自我反思和自我评估的过程，有助于教师不断提高教学技能和更新教育理念，促进个人专业素质的提升。

（2）激发学习和研究的动力

评价结果可以激发教师的学习兴趣和求知欲望，促使他们主动参与教育研究和专业学习。教师可以根据评价结果，寻找相关的教育理论和教学实践，不断学习和探索新的教学思路和方法，提升自己的专业知识和教学能力。

（3）促进个性化、专业化的发展

评价可以帮助教师了解自己的教学特点和潜力，并根据个人需求和兴趣进行个性化、专业化的发展。教师可以根据评价结果，选择适合自己的教育培训和专业发展课程，提升自己在特定领域的专业素质和教学能力。

（4）增加交流和合作机会

评价可以促进教师之间的交流和合作，共同探讨教学方法和教育问题，分享经验和教材资源。通过与其他教师的交流和合作，教师可以互相启发，借鉴优秀的教学实践，提高自己的教学水平和专业素质。

综上所述，课堂教学评价可以帮助教师不断反思和发展，激发学习动力，促进个性化、专业化的发展，并提供交流和合作的机会，从而推动教师专业素质的不断提高。

（二）课堂教学评价的内容

课堂教学评价确实包括多个方面的内容和注意事项。以下是一些常见的课堂教学评价内容。

1. 教学目标评价

评价教学目标的设定是否明确、具体、可操作，通过观察、测验、作品等方式判断学生是否达到了预期的学习目标。

2. 教学组织和结构评价

评价教学过程中的组织安排、时间分配、活动设置是否合理，是否能够顺利引导学生的学习，以及课堂结构是否清晰、有序。

3. 教学内容评价

评价教学内容的质量和适应性，包括教材的选择是否恰当、教学资源的利用是否充分，以及教学内容的难度和深度是否适合学生的学习水平。

4. 师生交流和关系评价

评价教师与学生之间的互动和交流情况，包括教师是否能够与学生建立良好的师生关系、激发学生的学习兴趣和积极参与，并给予学生积极的反馈和支持。

5. 教学技巧和授课能力评价

评价教师的教学技巧、表达能力、演示能力等方面，包括教师是否能够生动、有趣地呈现教学内容，引发学生的兴趣和参与。

6. 教学目标实现程度评价

评价学生在教学过程中对知识、技能和能力的掌握程度，通过考试、测验、作品展示等方式进行评估。

（三）课堂教学评价的注意事项

1. 公正公平

评价应该客观公正，不受个人偏见或歧视影响。评价标准和方法应明确、公开，并对所有学生一视同仁。

2. 多样性

采用多样化的评价方法和工具，包括观察、测验、作品展示、小组讨论等，以全面了解学生的学习情况和能力发展。

3. 及时性

评价要及时进行，及时给予学生反馈和指导，帮助他们认识自己的优势和不足，并进行调整和改进。

4. 鼓励性和引导性

评价应该鼓励学生，激发他们的学习动力和积极性，同时给予指导和建议，帮助他们改进学习方法和提高学习效果。

5. 目标导向

评价要与教学目标紧密对应，评估学生在知识、技能和能力等方面的达成程度，帮助学生实现学习目标。

6. 综合性

评价要综合考虑学生的学习表现、参与度、合作精神、自主学习能力等多个方面，全面了解学生的综合素质和发展情况。

7. 反思与改进

评价结果应该引发教师和学生的反思，促进教学过程的改进和学生学习能力的提高。

8. 隐私保护

在进行评价时，教师要注意保护学生的隐私，避免泄露个人信息和对学生造成负面影响。

综上所述，课堂教学评价应该是公正、客观、多样化，能够及时给予学生反馈和指导，鼓励学生积极参与和提高学习效果。评价过程中，教师要关注学生的个体差异，促进他们全面发展和健康成长。同时，评价结果也应该引导教师不断反思和改进教学方法，提高教学质量。

第二节　高校体育与健康课程的教学策略改革

一、体育教学策略与有效体育教学行为

（一）对教学策略的理解

教学策略不仅能对教师的教学过程进行调控，而且对提高教学质量起着重要的促进作用。

它是教师为了实现教学目标，根据教学情境的特点，对教学实施过程进行的系统决策活动。教学策略具有以下特征。

1. 教学策略的设计与选择，应以学生的学习策略为基础

教学策略可以理解为教师在教学过程中所采用的一系列计划和决策，旨在达到教学目标并促进学生学习。教师设计和选择教学策略时需要综合考虑多种因素，如学生的学习特点、学科内容、教学环境等，以帮助学生有效地学习和发展。

教学策略的选择需要基于对学生的认知和理解。教师应该了解学生的学习策略，即他们如何组织、管理和监控学习过程。了解学生的学习策略，可以帮助教师更好地指导和支持学生的学习，促进他们学习动机和自主学习能力的发展。

教学策略还需要考虑学生的学习方法。学习方法是学生在学习过程中使用的具体技巧和策略，包括阅读、笔记、总结、思维导图等。教师可以通过了解学生的学习方法，根据不同的学科和学习任务，选择适当的教学方法来支持学生的学习过程。

综上所述，教学策略是教师根据学生的学习特点和学科内容，选择和组织教学方法的过程。教学策略的目标是提高学生的学习效果和发展他们的学习能力，通过促进学生的元认知知识、学习调节与控制能力和学习方法的发展，有效达成教学目标。

2.教学策略是教师教学思维能力与教学行为活动的统一

教学策略的建构和使用是一个逐步发展的过程，它与具体的教学活动紧密相关。在教学过程中，教师会根据学生的学习情况、学科特点和教学目标，选择和使用不同的教学方法与策略。通过实践和反思，教师可以逐渐形成适合自己的教学策略，提高教学效率。这需要教师不断地尝试和调整教学方法，观察学生的反应和学习效果，从中总结经验。

教学策略也是教师为了促进学生对学习内容的理解和掌握而使用的工具。教师可以通过运用有效的教学方法和策略，创造有利于学生学习的环境和条件。例如，教师可以采用启发式教学、合作学习、问题解决等策略，帮助学生主动参与学习、理解概念和发展解决问题的能力。在这个过程中，教学策略起到了连接教学方法和学习内容的作用，帮助教师更好地传递知识和促进学生学习。

因此，教学策略的建构和使用是一个与教学活动紧密相关的过程。通过不断地实践和反思，教师可以逐渐形成适合自己的教学策略，并运用有效的教学方法和策略来促进学生的学习和发展。

3.教师的教学策略会随着教学目标期望和教学内容难易程度而改变

教师在教学中会形成许多教学策略，这些教学策略在具体的教学过程中并不是机械地运用，而是要根据学习内容的特点和期望的学习目标灵活地选择、应用和调整。

（二）对有效体育教学行为的认识

当体育教师具有良好的教学策略思想，并能对教学全过程实施系统的决策活动，那么他在教学中定会显示出良好的有效教学行为。认识和理解构成有效教师的"脊柱"和"骨骼"的有效教学行为，对我们研究和运用教学策略、提高教师素养具有重要意义。有效教学行为必然是以丰富的教学策略为支撑的。

有效体育教学行为应体现在以下几个方面。

1.清晰地授课方案

从课程教学方案的制订到执行，教师要知道学生的体育知识、技能、体能、学习态度与兴趣等,能清晰、准确地为学生提供适宜的教学目标、内容、方法等信息,使学生对体育教学"学什么""如何进行"有一个清楚的认识。教师还要在课程进行中根据学生的学习差异调整教学策略,重新确定新的目标及教学方法。

2. 明确的目标导向

教师要善于根据教学目标和学习进程提出相关的教学"问题串",适合学生的认知水平,并逐步引申。问题要紧扣目标并贴近学生体育学习、生活实际,让学生乐意回答问题、思考问题,按问题引导的方向进行身体练习,同时学会有效率地处理与课堂学习目标无关或干扰教学的问题,努力让课堂上的每一分钟都用在学生有效身体练习与学习上,真正地享受体育学习。

3. 多样化的教学方法

教师要善于多样化地或灵活地呈现学习内容或身体练习形式。一是将不同类型的教学问题、课时节奏和教学序列结合起来。教师要认真研究与思考设计问题类型和提问的艺术。二是做好体育教学准备,充分利用开课五分钟,提供场景设计与视觉效果,合理运用教学方式。三是体育教学活动转换过程中,教师应及时、准确地发出信息,让学生明确练习的目标与要求。给学生提供的信息有两层含义:一是学生对体育知识、运动技能方面的信息;二是鼓励和激发学生的锻炼热情、提高学生自信心与自我期待的信息。

4. 学生积极参与练习

教师要善于引导学生积极参与以身体练习与活动性体育游戏为主的体育运动。在运动中,学生能表现出浓厚的学习兴趣、认真的学习态度,积极投入体育学练过程,呈现出顽强的意志品质和团结合作的精神。学生投入活动的过程时间,与教师的目标导向和学习内容的度与量相关,为此,教师应该为学生提供更多机会和时间,让他们去学习体育学科教学评价中的主要内容,提高学生的体质健康水平。

5. 关注每名学生的体验与收获

教师要善于让每名学生在教学中都有所收获、体验成功。体育学习的收获、体验和成功主要是在参与运动练习的实践中呈现的。体育学习内容和运动量及练习方式等，是影响学生参与程度和学习效果的主要因素。教师的目标导向和学生参与程度以及学生的收获、体验加之较好地掌握运动技能存在很高的相关性。体育教师应善于指导和帮助每名学生建立良好的自我期待，提高学生自信心，热情、清晰地为每名学生提供指导与鼓励。

（三）影响体育教学策略设计的因素

体育与健康课程是一门以学习体育与健康知识、技术和方法为主要内容，以身体练习为主要手段，以发展学生体能和增进学生健康，培养终身体育意识和能力为主要目标的必修课程。学生直接参与各种身体练习，进行运动技能的体验、学习与活动性游戏，是一种体力活动。它和智力、情感、意志活动紧密结合，融为一体。同时，学生身体还要承受一定的运动负荷。上述的学习特点具有很强的实践性。从操作层面来说，体育教学策略包括对教学过程（是一个多目标、多层次、多形式的过程）及符合课程目标内容的选择与安排，对教学方法、步骤、组织形式的选择，以及对特殊生物性规律的思考（人体适应性和生理机能活动能力变化性等）。由于这些因素的组合方式多种多样，教学策略也呈现出复杂、多样的特点。

1. 教学目标是影响和制约教学策略的关键性因素

体育教学目标是多元的，既有知识与技能的学习，又要增强体能与发展身体，还要关注心理健康，培养良好的社会适应能力。教学目标确定之后，意味着师生在教学过程中应做什么、如何做等一系列策略活动都围绕目标的达成去设计与选择。教学目标不同，所需设计与选择的策略也不同。即使是同一内容的单元教学，单元起始性教学与过程中及结束前的教学策略也不尽相同。

2. 学生的主体状态是制定教学策略的重要条件

重视学生在教学中的主体地位，以学生发展为中心，帮助学生学会学习，是现代教学的重要特征，也是体育教学的重要理念。在体育教学中，学生的主体性体现在发展的主体性和学习的主体性两个方面。从发展的角度讲，学生是教学目标的体现者，体育学习的效果（或教学目标的实现）是通过自身的身体和心理的行为变化而表现出来的。从学习过程来讲，每名学生都是学习的主体、学习的主人，必须以身体练习和技能学习为主要手段，才能使体育学习正常进行。学生的学习积极性是保证达到体育学习目标的基础。我们发现，体育教学中的学生起始状态，无论是发展的主体性，还是学习的过程性，都涉及教师的教学起点和教学策略的设计与选择。

学生的体育学习起始状态涉及他们的兴趣、基础知识和技能水平、身体和心理发展，以及与同伴的合作互动能力。只有充分了解学生的起始状态，教师才能有针对性地设计和选择教学策略，从学生的现状出发，引导他们实现教学目标。

由于学生的体育兴趣不同，教师要采取不同的教学策略。一方面，可以选择与学生兴趣浓厚、偏好的运动项目相匹配的策略，激发学生的学习兴趣，增强学生学习的投入度；另一方面，对于体育兴趣较低的学生，由于某些运动项目对他们的发展有重要作用，教师可以通过改造运动项目，降低难度、简化规则，采用趣味化的教学方式，以引起他们的学习兴趣和参与度。这种个性化的教学策略，能够更好地满足学生的需求，促进他们的学习和发展。

现代教学理论强调以学生的"最近发展区"为出发点进行教学，而学生的"最近发展区"与他们的起始状态密切相关。随着学习活动的深化、情境的改变以及身心发展和知识技能的掌握，学生的起始状态和"最近发展区"也在不断变化。因此，在教学过程中，我们需要根据学生的学习状态，采用相应的教学策略，确保教学与学生的实际情况相适应。只有在以学生为中心的教学模式下，我们才能有效地促进学生主动学习和创造性发展。

因此，了解学生的起始状态对于制定和实施教学策略至关重要。教师应当关注学生的兴趣、能力、需求和发展水平，以学生为中心，灵活运用不同的教学策略，创造积极、有趣和具有挑战性的学习环境，促进学生全面发展。

3. 教师的自身特征是制约有效教学策略设计或选择、运用的主要因素

教师的自身特征对于教学策略的制定和有效性具有重要影响。教师的教学思想、专业知识和技能水平、教学态度、教学经验、教学风格以及心理素质等方面的特征，都会在教学过程中起到决定性作用。

教师的教学思想是指有关教育目标、教学内容和教学方法的理念和观念。教师的教学思想会直接影响他们对教学策略的选择和运用。例如，如果教师更加关注学生的主动参与和发展，他们可能倾向于采用启发式教学、合作学习等策略，以促进学生的自主学习和合作能力的培养。

教师的专业知识和技能水平是教学策略制定的基础。教师需要掌握丰富的体育专业知识，并具备一定的教学技能，才能根据学生的需求和情况，制定出合适的教学策略。教师良好的专业素养和持续的专业发展对于教学策略的有效性至关重要。

教师的教学态度和教学经验也对教学策略的选择和使用产生重要影响。教师积极、开放的教学态度以及丰富的教学经验，使他们能够更好地理解学生的需求，灵活地运用不同的教学策略，提供个性化的教学支持。

教师的教学风格和心理素质也是影响教学策略制定和有效性的重要因素。教师的教学风格反映了他们对教学的偏好和做法，教师的心理素质则影响着他们在教学过程中的情绪管理和与学生的互动。教师的教学风格和心理素质与所选择的教学策略密切相关，会对教学过程和学生的学习产生直接影响。

（四）体育与健康教学策略的基本特征

教学策略既不同于一般的教学原则，也不同于在某教学思想指导下构筑起来的教学模式，而是可供教师和学生在教学中参照执行或操作的具体方案。它有着明确的、具体的内容，是实施教学活动的基本依据，具有实践性、整合性、可操作性、灵活性和层次性的基本特征。

1. 实践性

大学体育与健康课程教学具有鲜明的实践性，是一门以身体练习为主的技能性课程。学习的结果主要不是体现在认知性知识的积累与深化上，所关注和

表现的是体能的增强、技能的形成与方法的掌握，以及行为态度的改变，养成坚持进行体育锻炼的习惯，形成健康的生活方式和积极进取的生活态度。

身体练习与运动技能的形成是实现学习目标、增强体质的载体。在实践过程中，教学策略首先要思考的是特殊性生物体——人的技能形成规律、人体机能与适应性规律。良好的体育行为与健康生活方式的形成，需要学生主体在学习与生活实践中形成。人体的运动实践过程就是教学策略的实施过程。

2. 整合性

体育与健康课程的整合性体现在多种内容、功能和价值的整合上。在设计和选择教学策略时，教师需要关注学生对体育与健康知识、技能和方法的学习，同时充分发挥课程的教育功能，重视学生的健康水平，促进学生身心协调发展，并培养学生的集体主义、爱国主义和社会主义精神。

教学策略的设计和选择需要综合考虑体育教学系统中的各要素，包括教学目标、学生、教学内容、教学条件、教学方法、教学组织形式以及体育场地器材和媒体等。这些要素在教学活动中相互关联，共同发挥作用。因此，教学策略的设计要采用系统科学的理论和方法，结合具体的教学需求和条件，综合考虑各要素，以实现教学目标。

在教学实践中，教学策略的设计应该是个体化和差异化的。教师需要根据学生的特点和需求，以及教学环境和资源的条件，选择适合的教学策略。这可能涉及不同的教学方法、教学组织形式、教学资源的利用方式等各个方面。

教学策略的设计也需要注重反思和调整。教师应该定期评估教学效果，根据学生的反馈和表现，以及教学目标的达成度，进行必要的调整和改进。教学策略的选择和使用应该是一个动态的过程，不断地根据实际情况进行调整和优化，以提高教学效果和质量。

总之，教学策略的设计与选择在体育与健康课程中具有重要意义。通过综合考虑教学要素、个体化和差异化的设计，以及进行反思和调整的实践，教师可以提供更有效的教学，促进学生的全面发展和健康成长。

3. 可操作性

体育教学策略是教师和学生在教学过程中参照执行或操作的具体方案，用于实施体育教学活动。与教学原则和教学模式相比，体育教学策略更加具体和实用，涉及体育与健康知识与技能学练的具体内容和方法。

教学模式规定了某种教学内容的一般程序，是一种较为抽象的指导框架。它通常强调教学过程中的顺序和步骤，提供了一种教学的整体框架，但并不具体说明如何进行具体的教学操作。教学原则是总结和归纳的教学规律与经验，具有普遍性的指导意义。它强调教学的基本原则和方法，但不涉及具体的教学内容和操作。

相比之下，体育教学策略更加具体，具有较强的操作性。它提供了体育教学中具体的内容和方法，指导教师如何在实际教学中进行知识和技能的传授与学练。教师可以根据教学策略的具体指导，合理选择教学资源和教学手段，制订教学计划和开展教学活动，以达到教学目标。

体育教学策略的操作性和实用性使得教师和学生能够更好地将其运用于教学实践中。通过理解和掌握体育教学策略，教师能够更好地规划和组织教学活动，选择合适的教学方法和教学资源，以提高教学效果和学生的学习成果。

总之，体育教学策略是一种具体的操作方案，为教师提供了如何进行教学活动的指导和方法。它与教学原则和教学模式相辅相成，共同促进教学的有效实施和学生的学习发展。

4. 灵活性

体育教学策略的设计和选择确实需要考虑到多种因素，包括教学目标、内容和任务的要求，学生的实际情况，以及教学方法、组织形式和情境的适应性。因此，建立一个"全能式"的、大而全的教学策略是不现实的，因为不同的教学内容和学习任务要求不同的教学策略。

体育教学策略需要根据具体情况和需求选择和组合。例如，对于不同的对抗性运动内容和非对抗性运动内容，教师的教学策略会有所不同。在篮球和足球等直接对抗性运动的技战术教学中，教学策略可能与排球等隔网对抗运动的技战术教学策略有所区别。

学习过程是不断深化的，学生之间也存在差异性。因此，教学策略应根据教学目标、内容和学生的特点调整和适应。同样的教学策略在不同学习群体中可能会产生不同的效果，不同的教学策略在同一学习群体中也会有不同的效果。因此，教师需要根据实际情况和学生的需求，灵活运用教学策略，确保教学活动的有效性和学习效果的实现。

综上所述，体育教学策略的选择和运用需要考虑多种因素，并且应根据具体情况灵活调整。教师应根据教学目标、内容、学生特点和需求，以及教学方法和组织形式的适应性，选择和设计合适的教学策略，以促进学生的学习和发展。

5. 层次性

教学策略应根据学生不同学习阶段和层次的需求进行调整，以促进他们的有效学习和发展。不同的学习阶段和学生的特点需要相应的教学策略，以满足他们不同的学习需求。

教学策略可以分为不同层次，具有不同的教学功能。在体育教学中，学生的体育知识学习、技能形成以及身体机能和心理情绪的发展都有其自身的规律。教师需要根据不同阶段的特点和学生的具体情况，采取相应的教学策略，进行教学调控。

在教学调控中，教师的反思起着重要的作用。教师需要不断获取教学活动各要素变化的信息，对教学活动效果进行反思和检查，并及时调节教学活动的各个方面。教师还应关注学生在实现教学目标的学习活动中资源生成、过程生成和生生间的互动情况，通过引导学生进行分析比较，生成新的学习方案，提高师生和生生之间的互动质量，以提高学习资源生成的质量和学生对学习过程的分析能力。

在教学活动中，教师应充分发挥学生的主体作用，营造适宜的教学情境，给予学生充足的学习时间。教师也应指导学生学会关注自身的发展和同伴练习的情况，并教会学生在体育学习实践中进行自我反思和调控。这样的教学活动有助于培养学生的自主学习能力和自我调节能力。

综上所述，教学策略的设计和调控需要教师根据学生不同学习阶段和层次的需求，在教学过程中反思和调整教学活动，关注学生的学习资源生成和互动情况，同时引导学生成为学习的主体，培养其自主学习和自我调节能力。这样的教学策略有助于促进学生的有效学习和发展。

二、接受式学习的教学策略改革

（一）接受式学习的含义与特征

1. 有意义接受式学习的含义

从教育心理学的角度分析，依据课堂学习中知识的来源和学习过程的性质，学生获得知识、技能信息有两种方式：一种是"接受"的方式，另一种是"发现"的方式。在实际的学习和教学实践中，这两种学习方式都有存在的价值并适用于特定的条件，二者是相辅相成、相互作用的关系。课程改革明确指出："改变课程实施过于强调接受学习、死记硬背、机械训练的现状，指导学生主动参与、乐于探究……"但并未全盘否定接受式学习在学生高效、经济地获得系统的科学文化知识技能，直接吸收人类社会历史实践的文明成果方面的作用。大学生在学校中的学习毕竟是以学习书本知识（人类共同经验）为主的。[①]

从体育与健康课程来说，有意义接受式学习是一种主要以教师为中心来提供知识与技能信息的直接教学策略。教师的作用是以尽可能直接的方式把事实、运动技能规则（特点与规律）、动作序列传递给学生，同时还伴随着解释、示范和学生大量适时、适度、适量的运动练习和反馈。在体育运动的知识（关于规则、运动的作用等事实性知识）、运动技能的获取教学中，教师应将直接性教学方法和间接性教学方法看作一个连续体。因此，对大学生的体育学习来说，有意义接受式学习仍然是掌握基础的体育知识、基本的运动技能，全面发展学生体能，以及提高运动能力的一种主要的体育教学方法。

---

① 翟勇：《从教育心理学角度分析教育目的问题》，《时代教育：教育教学刊》，2010年第9期，第189页。

2. 体育教学中有意义接受式学习的特征及条件

体育教学中的接受式学习是指学生利用各种感官直接感知体育运动中的客观事物或现象而获得体育知识与技能。教师提供信息的方法有：以语言传递信息为主的体育知识、技术的讲解法，以直接感知运动表象和动作技能特征的动作示范法，直观教具或媒体的演示法，纠正错误与帮助法，以及身体练习法。

什么时候适合进行直接教学，也就是说，有意义接受式学习的条件是什么？在教学实际中，无论是接受式学习还是发现式学习，都有可能是机械的，也有可能是有意义的，关键是看能否满足有意义学习的条件。在体育教学实践中，有意义接受式学习必须具备以下三个条件：第一，学习的体育运动知识、技能具有一定的逻辑意义，该运动知识、技能具有完整的结构，又是可以分解的，且具有实质性的联系。例如，学习支撑跨越障碍（支撑分腿腾越），动作可分解成助跑起跳—腾空—支撑分腿、推手—再次腾空—屈膝缓冲落地五个紧密相连的部分，有效完成前一个动作是实现下一个动作的前提和基础。第二，学生必须具有参与该项运动练习（有意义学习）的兴趣与要求，为此，教师可通过有效形式说明支撑跳跃运动的价值、功能，激发学生学练的欲望。第三，学生原有的运动知识、技能结构，应已初步具有关于助跑、并腿向上、向前跳跃、腾空分腿以及向前跳、屈腿缓冲落地等知识与技能，这就为学生学习新动作——支撑跳跃，奠定了很好基础。

从以上阐述的有意义接受式学习的三个条件中，我们可以认识到在学生从教师那里获得新的信息、技能的直接教学中，学生已有的认知、技能水平是十分重要的。新知识的获得是一个主动的接受过程，是新旧知识的同化过程，是新知识的潜在意义得以实现的过程。

（二）接受式学习的教学策略

有意义接受式学习是以教师为中心的策略，教师以语言传递信息，学生以直接感知运动表象和动作技能特征及身体练习实现教学活动。因此，接受式学习只有运用于合适的教学目标、恰当的学练内容和适宜的练习时间，才能使接受式学习有意义并达到期待的教学结果。

1. 有效地呈现和组织技能教学内容，并赋予其结构

呈现方式可以是精练地讲解或出示挂图等。以大三年级学习向前跳跃练习和蹲踞式跳远为例。教学中首要要素是以小步骤呈现教材，课时必须以分解的学习内容出现。例如：原地双脚向前跳跃、立定跳远、双脚连续向前跳跃、蛙跳单脚与双脚交替向前跳跃（是人体基础跳跃跑动中单脚起跳向前跳跃空中呈蹲踞姿势的蹲踞式跳远能力的一种方式）。

课时内的学习内容必须细化为多个有效且紧密衔接的步骤进行学习。结构的呈现及分解，关键之一是能吸引学生的注意，激发学生的兴趣，同时注重每次学习目标、内容集中在一个问题上，呈现时要使学生在教师呈现下一内容之前掌握稍前一内容。

关键之二是引导学生能够明确几个关系：建立部分与整体关系，学习好每一小步骤，上每一个小台阶均是一次过渡，均是一次迈向目标的提升；鉴别序列关系，教学内容的组织是按照技能特征顺序安排的，教师所教的内容方式和学生要学习的事实、规则和动作序列在现实生活中发生的方式一样，这样既教了预期的内容，又教了正确的（动作结构）序列；发现组合关系，学练方法可根据动作序列分别采用分进式、连进式、递进式的方法，也可以根据学生学习过程特点，采用交叉混合式，以强化或解决动作结构中相关联的衔接部分或薄弱环节。如蹲踞式跳远的助跑与起跳衔接问题，或起跳后腾空问题等寻找比较关系，在内容的比较中（可与向上跳跃和跨越式跳高比较），引导学生对不同的内容进行比较，使学生观察到它们的相似与差异，较好地理解它们的结构和所要学习的内容。

2. 有效地指导学生的练习，拓展学生参与广度

呈现教学内容以后，紧接着是引发期待行为的练习。学生在练习中，从认知上能说出或描述动作技能作用和过程，在学习态度上能注意听讲、观察示范，积极参与练习的意识较强，为达到掌握动作技能的目的，乐意做多次重复的练习，尊重教师的指导和同伴的意见，改进练习方法，提高练习质量。

在接受式学习的教学过程中，教师应经常进行有效的精练口头提示、手势

提示和亲自示范。提示有助于强化学生对正确动作概念的理解，帮助指导学生在动作练习中连接行为，避免错误的发生。

示范是最直接的教学活动，学生能从模仿示范动作，或者从观察中推断出要学习的行为。无论是教师示范还是学生示范，尤其是教师示范，示范动作应与学生学过的动作技能有联系。新学的动作示范准确、优美，明确示范动作的方向、速度、幅度，有利于学生观察和建立心理意象。

在示范后的学生模仿性练习中，学生经常期望的是教师某种类型的表扬和鼓励而不是批评。表扬应针对具体的动作技能，语言应亲切、诚恳，如"你的立定跳远的起跳，起跳与双臂迅速向前上方摆动的配合很好，若能再想一想，我们刚才讨论的起跳时双腿的爆发性用力问题会更好"，而不是"你的起跳动作不标准，你又没注意观察示范和听讲"。为进一步促进学生从模仿中受益，教师始终要观察学生学练情况，及时提示学生注意动作的关键环节，或请同学为全班演练后再说出动作过程及特征，也可以由学生根据教师示范的步骤加以想象形成心理意象，从而增强学习动机。

3. 注重及时提供反馈和纠正，提高学生学练活动的注意力和参与态度

接受式教学中，教师如何及时处理学生对知识和技能掌握的正确与错误程度，是一个重要策略问题。问答是伴随课的开始，每一动作练习（小步骤之后）或课的结束时的思考为线索。有效的提问利于启发学生思维，培养学生的思考能力和语言表达能力，同时还具有唤起和保持学生注意力与学习兴趣的作用。了解学生对知识技能学习的认知程度，提问应紧扣教学期望的结果，请学生围绕内容的理解与掌握情况做简要描述。对于学生回答正确且迅速的情况，教师应予以肯定；对回答正确但犹豫的学生，要给予积极反馈；对由于粗心而答错的学生，最佳的程序是指出该学生答错了，并立即转向下一名学生，寻求正确答案。这样做可以让粗心的学生意识到他（她）失去了由于回答正确而获得的表扬的机会。对由于不知道而出错的回答，这样的错误在课时和单元教学初始阶段容易出现，这时教师最好提供暗示、问询、简化问题或加以刺激，从而让学生寻找正确答案。教师用策略疏导学生的思想，使他们产生正确答案，

从而为学生提供了一个框架，促进他们能够正确回答类似问题。

当学生的知识性回答和技能动作出现错误时，教师可引导学生复习、收集或与同伴研讨正确解答所需要的事实或信息；也可提供一个不同但相似的问题，指导学生做出正确的解答；还可提示正确解答的步骤、线索或暗示，利于学生思考，得出正确的答案。

对技能动作的错误，教师要善于对在技能学习过程中出现的错误进行纠正，并为学生掌握与提高技能提供帮助。这不仅是提高运动技能的需要，也是安全锻炼，避免运动损伤的需要。

纠正错误动作和提供帮助时，教师要分析学生产生错误的原因，选用具有针对性的方法予以纠正和帮助。产生动作错误的原因常表现在以下几个方面：一是学生对学习的动作不重视，不认真；二是学生对学习的动作技术概念不清；三是学生的学习能力不强；四是学生因心理因素或疲劳而学习情绪低落；五是学生受原有技能的干扰。体育知识性错误的纠正方法，有的也适用于对错误动作的纠正。但是，我们更应重视对已发生的错误动作的纠正，要善于运用语言和直观的方法，激发学生的学习热情，让学生乐于在反复的练习中逐步建立正确的动作概念，明确动作结构、顺序和要领。教师还要善于根据动作错误性质和学生的差异性，采取条件限制练习法、诱导练习法及自我暗示法等，促进学生学习的深入发展。

4. 为学生提供自主学练的时间，促进学生在教师精心指导与组织的环境中将知识技能组合成动作序列

有效的学练程序是教师根据课时教学目标，精选内容结合学情而设计的。当学生的学习热情已被激发，教师也提供了反馈并予以纠正，此时的学生需要有充分的机会自主学练。在自主学练中，教师的指导和示范让学生把知识、技能的概念、结构、顺序、要领和功能等融会贯通成一个有意义的整体。当一个完整的知识技能序列或学习单元形成的时候，有意义的学习才会发生、发展。

从对接受式学习教学策略的阐述中，我们了解到要有意义地应用知识技能，学生必须理解熟悉这一知识技能。学生只有通过有效的、反复的练习才能

获得丰富的运动实例与联想，提高知识技能水平。

为了保证学生课上积极地参与练习，教师应关注到以下几点：一是在课上第一个学练的动作技能中进行全班指导，这有助于形成一个明确的"小步骤练习"的开端；二是在引发和反馈练习之后，要立即着手安排下一个练习，这有助于学生明白自主练习和前面提供的指导练习是相关的；三是学生自主练习时，教师要亲临各小组观察、指导、提问及简单对话，以利于对教学过程的调控。

三、探究学习的教学策略改革

（一）探究学习的含义与特征

1. 探究学习的含义

探究学习最初是为了适应自然科学的教学需要而发展起来的，它的思维方法和探究程序适用于所有学科领域。在现实情境中凡是能引起疑惑的问题，均可用于探究学习。探究学习既是一种学习方式，也是一种教学方式。探究教学作为与知识接受教学相对应的一种教学方式，是由早期的"发现法"和"问题解决法"发展而来的。探究学习相对于接受式学习来说，是学生在教师的引导下，以学生主体活动为主要形式，通过自己的发现与求索、总结与概括，获得经验与体验，发展智慧与能力，形成积极的情感态度和价值观的教学实践活动。

作为体育与健康教学实践活动的一种学习方式，作为大学生在体育与健康课程学习过程中的探究体验，探究学习在探究教学目标、教学重点、教学结果要求等方面与大学生的接受式学习具有很大的不同。在实际操作中，探究学习的教学要求是以转变学生的学习方式为出发点。学生学习体育的知识技能、概念原理时，要以教师提供的实例和问题及适宜的指导为线索，通过自己的观察体验、验证性活动、思考与讨论、探询及听讲等途径，自行发现并掌握相关的运动知识技能及其原理与结论，培养学生解决问题的能力，发展学生的创造性思维品质和积极进取的精神。从上述分析中，我们不难看出探询与体验法、解决问题法以及发现式学习法等都是探究学习的方法。

2. 探究学习的特征

从学生方面来说，体育教学中的探究活动既是一个学生与体育学习相关环境相互作用的建构过程，又是一种学生与教师的互动中"内化"人类体育文化文明成果、获得经验与体验的社会化过程。在这一过程中，学生的主体性、独立性得到充分展示。这种展示是学生围绕探究的问题，运用已有的知识、技能、经验、兴趣去探索，和同伴、教师对话，研讨与认识解决问题的途径，最终实现问题的自我解决。它建构了学生自身的体育学习知识、技能的经验系统，并进行自我评价。

从教师方面来说，探究教学是以促进学生发展为目的，以学生的自主能动和创造为特点，有意识地让学生有较大的自由活动空间与时间，重视他们主动参与，强化他们积极活动，引导他们在学练实践中培育创新意识，促进学生素质全面发展。

探究教学是开放性与建构性的，方法灵活多样，强调学生在开放的情境与动态的发展过程中，善于和同伴、教师交流对话，有目的、自觉地主动活动去获取体育知识技能，建构自身的经验系统。它更强调教师的引导行为和意识的周到、有效和预见性。为此，教师要使自己成为学生的朋友、同伴，参与到探究活动中，成为探究活动的先行组织者，成为善于运用提问策略指导学生个性化探索和发现活动的引领者，成为小组讨论的协调者。

（二）探究学习的教学策略

确定有效的探究学习的课题（或问题）和简介框架或结构，使探究学习教学的内容组织转化成有意义关联的各个部分，这是对学生实施探究学习的重要环节。然后，以问题为中心对其中一个部分（或内容）提出疑问，并提供解决这个问题所需要的相关步骤，在此基础上，启发引导学生独立探究学习。

问题：你能做出多少种投掷动作？这些动作是用单臂还是双臂投掷的，是从肩上还是肩下投掷出手的？为使学习的知识概念与生活实际结合，可请学生们再思考：不同类型投掷动作有哪些常见的运动项目，哪些是生活中常见的投掷游戏，你擅长于哪种方式的投掷等。学生通过思考与小组探究体验，较好地归纳与总结出相关的投掷动作分类及动作名称。

当学生获得了发展投掷能力的相关知识技能及其动作分类的框架之后，为更好地学习其中一种投掷方法，教师可采用问题引入法。运用提问的策略，关键不在于以最快和最有效的方式得到正确的答案，而是激发学生学习兴趣，引导学生独立探究活动，在活动过程中不仅成功地构建更为准确的答案，而且这些答案是学生自己选择并在教师的指导下个性化地探索和发现而获得的。

善于引导学生对体育教学活动实例进行观察思考，促进学生在探究活动中获得范围较宽的、具有普遍意义的观点，并对所观察的运动实例做出较为深刻的认识以及在相似运动情境中加以运用，从而提高学生在体育知识、技能学习中的归纳与演绎（迁移）能力。

积极创设一个有利于学生进行探究、发现的良好情境，并卓有成效地利用学生的经验（观点）、体验和问题，这是促进学生开展较高水平的探究思维活动的核心部分。

学生在教师指导下进行探究活动需要各种条件。如体育教学活动的场地、设备，自主活动时间，师生互动、交流、对话的环境等，要利于学生展开对话、交流，敢于发表不同见解。

例如，进行体操教学中，促进学生学习、体验和掌握基础的支撑、悬垂、攀爬、滚翻技巧及综合练习等知识和技能是其重要目标之一。教师可通过多种有效的方法、途径使学生亲历体操技能"生产过程"，进而思考体操类的有关动作在现实生活中的运用，以及竞技体操的发展和社会功能。为此，在上述每一类动作的教学中，教师应十分注重以体育活动的探究体验为线索设计教学，关注对学习体验活动动态生成过程的规划及预测，关注活动的宽松、和谐氛围，师生相互理解、协调与配合，教学情境设置充满情趣，引人入胜。

策略之一，特别强调的是关注学生对现实体育内容学习进行体验创造与加工，鼓励学生从自身的经验或信息媒体里设计出支撑、悬垂等各类动作的多样练习方式。以学生讨论和体验的支撑练习为例，可利用地面、家具、运动器械等进行支撑练习，如单臂支撑、双臂支撑、综合支撑、直臂支撑、屈臂支撑、支撑移行、支撑跳跃、支撑摆动，在支撑中完成各种动作。

策略之二，介绍与推广有实效且富有创意的设想与创作，资源共享，使学生更简便和有效地学习。

策略之三，请学生从学习的体操动作中学会分类、对比和联系。如教学支撑与悬垂的区别时，教师可以让学生思考：你会将支撑动作转换成悬垂动作吗？悬垂动作有哪些形式，你能做出多少种？滚翻动作中有支撑吗？滚翻动作在生活中的实用意义是什么？

策略之四，教师要善于将教学内容同学生感兴趣和关心的事物及问题联系起来，从而鼓励学生对教学内容的理解、复述和运用。

四、合作学习的教学策略改革

（一）合作学习的含义与特征

1. 合作学习的含义

合作学习是一种教育观念和教学实践，也是目前世界上许多国家十分注重的一种富有创意和实效的教学理论与策略体系。我国在实施素质教育和新课程的推进中，十分关注培养学生的交流与合作能力。这是由于合作学习将学习者结合成一个类似互动的组织，以知识、技能的学习为载体，为实现共同的学习目标开展学习活动。学生可从社会互动中获取他们在课内外独立思考所需要的基本合作态度，在与同伴就知识、技能及相关问题的学习中，交流情感与观点，从中形成自己更为清晰的知识与技能结构及态度与价值观。随着合作学习的有效深入发展，它必将对学生了解自我、培养良好个性产生积极的影响，从而让学生获得一种对自己的整合感，促进学生学习能力和生活能力的发展，为学生在未来社会中学会生活和建设生活奠定基础。

体育教学中师与生、生与生、学生个体与群体以及群体之间的合作交往互动，是教学赖以存在并得以表现的基本形式。在合作交往互动中，它是以体育知识技能的教学内容和相关信息为载体，实现师生之间、生生之间的沟通与应答。体育教学中的合作性学习，不仅仅是教学组织形式的简单变化，它关系着诸多集体性、对抗性的体育运动项目学习内容的展现和目标的达成，如球类运动、民族民间体育类的集体性运动项目以及体育游戏类活动，还影响着教学问题解决的广度和深度。

2.合作学习的特征

从上述的分析中可看出，合作学习具有以下特征：一是以学习小组为基本组织形式，小组的形成可采用异质分组的方式，也可以是同质分组，应根据学习目标和内容而定。

二是小组要有明确的共同学习目标，每名成员均要承担实现共同目标的一定责任，小组成员的一切活动必须紧密围绕达成特定的共同目标而展开。

三是合作性互动是推进学习活动发展的动力资源。教师与学生和学习小组的适时交流互动，目的在于促进学生独立思考与学会交流，调控并参与小组合作，促进学习小组进入有序而生动的学习活动中。

四是合作学习以小组的团体成绩为评价和奖励的依据。这种把个人之间的竞争转化为小组之间的竞争机制，有利于促使小组内部的合作，使学生在各自的学习小组中尽其所能，得到最大限度的发展。

综上所述，合作学习是学生在教师指导下的以学习小组为基本组织形式、以合作互动为基本特征且具有明确个人责任的合作互助学习。它以团体成绩为评价标准，是共同达成教学目标的活动。

（二）合作学习的教学策略

1.善于引导学习小组或团队成员建立积极的正相互关系

合作学习的每个小组成员之间，或个人与小组之间是同舟共济、荣辱与共的关系。每名成员都应对所在小组的其他同伴的学习负责，并将合作学习视为实现共同目标及促进每名成员学习与发展的主要途径。为此，教师要处理好与学生及学习小组的互动关系，同时关注对学习小组中学生之间合作互动的支持与调控。

在合作学习过程中，教师与学生互动的一个目的是促进学生独立思考。这同学生自主学习中的教师指导是一致的，因为合作学习和自主学习的目标是互补的。但是，在合作学习过程中，教师与学生互动的方式与自主学习有所不同，教师面对的不是一名学生，而是一个一个合作学习小组，这些小组具有共同的目的。因此，教师应拓展互动以适应多数小组学生共有的"最近发展区"的相关问题。例如，体育教学中的健身健美操学习，课的后半部分多为小组创编练习或队形变化练习。教师若能在关键时刻（或学习环节）简短而集中地介入，引导、监控并与小组合作，然后撤出，由学习小组对教师给出的新观点或新信息加工处理，从而有力地推进了学习小组思维发展、知识技能的形成过程。

在合作学习小组中，学生之间的互动性、学习的强度大且时间长。如在体操类技能动作的学习中，实施合作学习，二人或三四人为一组，互相观摩学练，相互保护与帮助，与自主学习不同的是，合作学习虽以自主学练为基础，但在合作学习的小组中学生逐渐担负起相互学习的责任。学生与学生在共同任务的促进下凝聚在一起合作，从而可以从同学中最接近、最直接的渠道获得合作、支持和反馈。教师若对小组中学生之间的互动学习予以适时、适度的支持和点评，那么每名学生促进同伴完成任务的欲望将会更强烈。这同时说明了合作学习和自主学习可作为相互补充的学习策略，其中一种学习方式可以加强在另一种学习方式中掌握的技能。

2. 选择适宜的教学内容，确定明确的目标导向与角色职责

根据具体的教学目标选择适宜的教学内容并成为合作学习活动结构的材料，是促进有效的学生间合作学习的重要条件。但是，在教学实践中常见的一些所谓合作学习，既无明确目标和共同的话题，又无完成共同任务中学生个人的责任，只是形式上的一般讨论、交流，并未达到预期效果。为使合作学习活动有效展开，教师务必事先做好计划，在教学目标上突出教学的情意功能，让每名学生都能体现出高度的合作意愿，追求教学认知与情感、技能与人际交往上的均衡发展。小组活动要进行角色分配，明确其职责，并使每个人的角色互补与相关，既强调每个人都承担一定的责任，又强调协调配合，小组的成功依靠所有成员的努力。小组之间甚至会相互竞争，主要是为了产生比其他小组更

好的部分或更高质量的动作技能水平。它的目的并非产出最终的动作技能水平的竞争，而是通过竞争促进小组内部的合作。正如排球比赛那样，双方上场各 6 名球员，6 名队员都以网上争夺能战胜对手为目标，但 6 人各有分工，有二传手，有主力进攻与副攻队员，有"自由人"，但一次次的成功进攻得分，都是靠全队的默契配合，成功地接发球、巧妙地二传和一锤定音的扣球。每一个环节都要完美无缺，每一个人都不能少，体现了合作的最佳境界。

3. 学会合作交往的技能，促进学生高水平思维和技能学习活动的发展

合作学习中，每个人首先要具有高度的合作意识，同时要学会乐于积极参与小组活动，学会和同伴合作交流的技能与方法。教师在教学活动中应注重引导学生认识合作交往技能对其学习活动及技能发展的重要价值，既能使学生在小组学习中学到更多的东西，得到更多的信息，使其知识面拓宽、加深，同时对学生与家人、朋友、社会的和谐相处以及未来事业上取得成功会产生潜移默化的影响。

教师要善于在合作学习中，结合小组合作进展情况的反馈，引导学生进行合作技能上的评价，以促进学生合作技能的逐步形成。

4. 营造有利于合作学习的教学情境，紧紧把握住合作

个人的责任意识是完成共同任务的内在基础。实现资源共享的合作教学认为，组织学生学习的情境主要有竞争性、个体性与合作性。合作性情境对合作学习最为重要，大量的学习活动尤其是体育教学活动是以合作学习方式进行的，它将合作、竞争和学生个体行为融为一体，将合作承担的共同任务作为联系团队成员的纽带，将个人的责任意识和责任行为作为实现团队目标的基础，并进行优化组合利用。如体育教学比赛把个人之间的比赛变为小组之间、各队之间的竞争，将个人改为小组计分，以小组总成绩为评价奖励或认可的依据，由此使得教学比赛的评价重点由鼓励个人竞争达标转向集体合作达标，从而激起全体成员人人为集体追求进步，个个为集体辉煌奋勇拼搏，共享成功的乐趣。

合作学习的分组应以合作学习需要多样性为基本原则，一般为混合分组，称之为异质分组。其形式有：一个活动小组学生的体育基础知识与技能水平可

不尽相同；学生的能力（多元智能）优势不同，可组合在一起；男女生可混合编组；家庭背景不同的学生混合编组。这使小组活动中有更多、更丰富的信息输入和输出，激发更多的观点与创新的火花，使全组形成更深入、更全面的认识，进一步实现资源共享。

合作教学情境是处于动态之中的。教师在运用上述策略的同时，还应关注以下问题：一是在学生的合作学习过程中要及时观察了解有关情况，及时指导与点评；二是要预见合作小组学习过程中何时需要帮助，在个别学习小组进入艰难困境时提供重新指导，对遭遇挫折的学生提供情感支持和鼓励；三是在参与学习小组互动中，要善于发现学生所想所为，征求学生的意见，改进教学工作，还要关注到合作学习中团队及学习小组辅导的个别化问题，从而真正实现师生共享教学的欢乐。

五、情境认知与情境学习的教学策略改革

（一）情境认知与情境学习的含义与特征

认知心理学应该做出更加现实主义的转变，主张以生态学的方法取代信息加工的方法，强调研究自然情境中的认知，更多地关注环境对智能的影响。由此，情境认知成为一种能提供有意义学习并促进知识向真实生活情境转化的重要学习理论。在现实的教学活动中，充分运用学生的生活经验与学习体验，对学生学习和获得新的知识与技能是十分重要的。

从体育教学来说，教学情境充满教学的整个时空，伴随教学活动的全过程，包含心智、情意氛围、交往问题背景、学习条件等各个方面。情境创设可分为智力情境和非智力情境两大类，通过创设多种形式的教学情境，作用于学生学习心理过程的心向情境、内容呈现方式以及合作交往过程的反馈调控等手段，从而促进学生体育知识技能学练活动中的内在体验。因此，理想的教学情境是实现教学活动成功的关键。

情境教学的基本特征有以下三个方面：一是以学生的发展为中心，即每名学生都是理解与掌握知识技能和建构意义的主体，情境教学的设计与实施必须

根据学生认知与技、能、身心发展的实际状况精心设计。二是以现实情境为基本条件,基于现实世界的真实情境是学生学习的基本条件,所提供的情境与场合知识必须符合现实情境。例如,在经济欠发达地区推进体育课程标准,教学内容的选择可因地制宜,精选青年喜爱的、容易普及的、健身效果好的体育项目,然后逐步丰富。三是以难度适宜的问题为中心,从学生知识与技能的建构意义的过程本质来说,体育学习过程是一个个真实问题的解决的过程、一个个技能形成的过程,并以知识、技能形成过程为载体,树立科学健康观。

(二)情境学习的教学策略

根据情境认知、情境学习理论,情境学习的教学策略强调运用以技术学习为基础的教学方式,使学生处于完整、真实的问题背景中,借助应用已掌握知识的情境,通过自主学习和与同伴合作学习,亲身体验,发现新的学习的必要性,从而达到学习目标的全过程。为此,教师应善于引导和帮助学生在真实情境中确认学习目标,预先教授和指导学生学习而获得知识、技能、方法,它是引导学生继续前进、深化学习的资源和路径。

情境的创设要适合学生认知水平和心理特点,以利于促进学生在这一系列的教学情境与活动过程中获取知识,掌握技能,发展体育学习中解决问题的能力。体育课程标准实施中,精选教学内容给了体育教师和学生很大的发展空间,要根据"一标多项"和"一项多标"的思想,即实现一个方面的教学目标可以通过多种项目学练形式;一个运动项目的功能不是单一的,而是具有多种价值与功能,所以同一个运动项目的学练可以实现多种教学目标。例如,体育教学中健身健美操的学习,可以徒手,亦可以持轻器械,轻器械中有绳、橡皮筋带、彩带……还可以运用生活中的实物椅子进行形体健身操练习。教师可创设的情境数不胜数,在这样的情境中学练,真正让学生获得了生命的体验,以愉悦的学习促成了学习的愉悦。

情境内容要注重从学生的生活世界中选择,打破学科世界与生活世界之间的界限,引导学生由生活走向体育,再由体育学科回归到生活世界。目前很多新兴的体育运动项目,轮滑、滑板、攀岩等的出现和逐步开展正说明这一问题。在大学体育教学中，教师可精选贴近学生生活的"主题式"的体育教学活动内容，如"勇敢者之路——跨越障碍跑""消防队员之歌——团体协作不畏难"，深受学生喜爱。再如，教师创编的诸多体育游戏及运动技术游戏化的教学活动，都是将体育学习与生活情境结合的有效形式。

注重问题情境的多向性，以促进学生运动参与的深度，促进学生思维活动的开放性和体育学习过程的探索性。在前几节所论述的教学策略中我们都谈到了问题的引入和提问的重要性，因为大多数师生之间的交流都与各种形式的问题有关。在问题情境中教师提出的问题应注意以下几点：第一，必须是有效性的问题，应能够促进学生积极组织回答，并因此而积极参与学习过程。第二，提出的问题应围绕教学目标的解决，无论是封闭性问题还是开放性问题，是简单问题还是复杂问题，应符合学生元认知的层次水平，促进学生围绕情境学习目标运用已学过的知识技能和所熟悉的具体例子、场景和事物，学习新环境下的知识、技能并进行实践活动。或者是学生能够对问题做较深入的理解，做进一步的实践和体验性练习。第三，在情境教学中提出的问题应具有相应的顺序，具有一定的探询性，利于情境的步步深入、问题一个一个地解决。

体育教学中的情境方法和行为分析是促进学生有效学习的重要手段。不同的情境可以创造出不同的学习氛围和学习动力，使教学活动更加生动有趣，激发学生的学习兴趣和积极性。

直观情境是通过挂图、信息技术媒体演示、体育运动教具等方式展示给学生的具体形象和动作，它可以帮助学生更直观地理解和掌握体育知识和技能。同时，生动的教育语言、形象的比喻和规范的体育示范动作，也可以作为直观情境的一部分，进一步增强学生的学习效果。

问题情境则是围绕教学目标设置的具有启发性、思考性、探索性和创造性的问题。这些问题可以激发学生的思维，促进他们进行深入思考和探索学习，培养他们的问题解决能力和创新思维。

体育活动场地情境是指体育活动的外部环境，包括场地器材的布置、环境设施的设置以及师生之间的交流和合作氛围等。良好的体育活动场地情境可以为学生提供适宜的学习环境，营造积极向上的学习氛围，促进他们的身心协调发展和集体合作精神的培养。

在体育教学中，教师应充分利用不同的教学情境，使教学活动充满活力，体现学生的生命价值。接受学习、合作学习、探究学习和情境学习等策略的选择和应用，应根据学科特点、主教材、教学情境和教学过程来进行，以确保教学的科学性和有效性。同时，要将全面培养与体育学习有机结合，通过体育的特点和优势，将多方面的教育目标贯彻到实际教学中，使学生在体育学习中得到全面发展。

第七章　俱乐部体育教学模式在高校体育教学中的应用

第一节　体育教学俱乐部理论

一、体育教学俱乐部概述

（一）体育教学俱乐部概念界定

体育教学俱乐部是指以体育为主题的学校或社区组织，旨在提供体育教学和体育活动的场所与平台。它是一个供学生参与各种体育运动和活动的团体，旨在促进学生的身体健康、技能发展和综合素质的提高。

体育教学俱乐部通常由学校、社区或其他教育机构设立和管理。它提供了一个有组织的环境，让学生可以积极参与各种体育运动和活动，如篮球、足球、网球、游泳、田径等。俱乐部通常会有专业的教练或教师来指导学生进行体育训练和比赛，帮助他们提高技能水平和竞技能力。

体育教学俱乐部的目标是通过体育活动培养学生的团队合作精神、领导能力、自信心和自律意识。俱乐部活动可以帮助学生建立良好的体育习惯和健康的生活方式，提高学生的身体素质和心理素质，增强学生的适应能力和抗压能力。

体育教学俱乐部还提供了一个交流和分享的平台。学生可以与同龄人共同参与体育活动，交流经验和技巧，培养友谊和团队精神。俱乐部还可以组织内部比赛和外部比赛，让学生有机会展示自己的技能和成绩。

通过体育教学俱乐部，学生可以获得更多的体育教学资源和机会，丰富自己的课余生活，培养兴趣爱好，发展潜能，实现个人和集体的发展目标。同时，俱乐部也为学校和社区提供了一个推广体育教育的平台，促进了整个社会对体育教育的重视和支持。

（二）体育教学俱乐部的发展依据

1. 教育政策与课程改革

体育教学俱乐部的发展是与教育政策和课程改革密切相关的。教育部门和学校管理者在推动体育教育发展和提升学生综合素质方面，将体育教学俱乐部作为一个重要的教育载体和教学手段。

2. 学生需求和兴趣

学生对体育运动的兴趣和需求是体育教学俱乐部发展的基础。俱乐部可以提供丰富多样的体育活动和训练项目，满足学生多样化的运动爱好和需求，激发他们参与体育运动的热情。

3. 教师专业素养和资源支持

体育教学俱乐部的发展需要有专业的教师指导和支持。教师应具备丰富的体育知识和技能，能够设计和组织各种体育活动，并提供专业的指导和辅导。教师还需要获得学校和社区的资源支持，包括场地设施、器材和经费等。

4. 学校和社区的支持

学校和社区对体育教学俱乐部的发展起到重要的支持和推动作用。学校管理者和社区组织应提供必要的场地设施和资源支持，为俱乐部的活动提供有力的保障和开展条件。

5. 社会认可和推广

体育教学俱乐部的发展还需要得到社会的认可和推广。通过举办比赛、展示和参与社区活动等方式，俱乐部可以增强公众对体育教育的认同和支持，提高俱乐部的影响力和吸引力。

上述因素共同促进了体育教学俱乐部的形成和发展，为学生提供更广阔的体育教育和学习平台。

（三）体育教学俱乐部的特点

1. 有明确的培养目标和指导思想

高校体育教学俱乐部以终身教育为目标，要求每一个学生学会进行自我锻炼、自我诊断、自我评价。体育教学俱乐部模式结合高校体育教学实用性、多样性、社会性、娱乐性的特点，以终身体育为指导，把增强学生体育锻炼意识，掌握体育锻炼技能、方法，养成锻炼习惯，提高身心健康水平及社会适应能力作为教学的出发点和归宿。它立足"课内增知，课外强身"的指导思想，体现"以人为本"的教育思想，围绕运动参与目标、运动技能目标、身心健康目标、心理健康目标和社会适应目标开展体育活动。

2. 采取新颖的教学组织形式

体育教学俱乐部打破了年级、专业限制，按学生需求和水平分层教学。教师按项目分 A、B、C 三个级别进行教学。这样既发挥了教师的专项特长，又有利于学生最佳情感的体验，符合因材施教的原则，是对学生适宜的教学组织形式。

3. 实行会员制度

会员制要求学生在交纳一定会费的情况下才能加入俱乐部，享受会员待遇，并以此来维持俱乐部日常的正常运转。这在一定程度上也引导了大学生体育消费价值观的转变，使学生逐步形成"花钱买健康、花钱买娱乐"的习惯。实行会员制度，更有利于俱乐部进行教学和管理，提高教学质量。

4. 体育教师的专业特长得到了充分发挥

在传统的体育课中，体育教师要根据教学大纲中的内容，上不同类型、不同项目的体育课。在实际教学中，有些教师感觉到难以胜任，既保证不了教学质量，也影响了体育教师在教学中主导地位的发挥。通过俱乐部进行教学，体育教师能充分发挥自身专项特长，在学生中建立良好的形象，发挥教师在教学中的主导地位，提高了教学质量。调查发现，课外单项体育俱乐部或一些体育协会的指导教师都是各个专项中最具说服力的老师，如曾经获得过全国赛的冠军。这些教师在学生的心目中具有较高的威信，教师的人格魅力也在吸引着学生参加俱乐部的活动。另外，教师之间也充满竞争性。从选课、择师到择教的机制看，学生的选课、择师完全是动态的，学生对教师的择教也是随机的，学生对教师的满意度是作为教师考核的主要依据。这样教师不仅要成为某一项目的专家和权威，而且还要掌握几种体育运动技能。

5. 学生参与教学与组织管理

体育教学俱乐部将学生的兴趣爱好放在第一位，注重学生主体地位的发挥，这确实可以增加学生的学习积极性和主动性。通过将组织、管理和活动等权利交给学生，俱乐部可以培养出一批体育骨干，并让更多的学生参与体育锻炼和活动。这种方式不仅使学生掌握了体育锻炼的方法和习惯，还使他们能够将所学的知识和技能应用于课外的体育锻炼中。

通过体育教学俱乐部的实践，学生可以在体育学习中实现有形效果和无形效果的统一。有形效果包括学生体育技能水平的提高、对体育锻炼方法的掌握，以及体育骨干的培养等。无形效果则包括学生对体育的兴趣和热爱的培养、健康意识的增强、合作精神和领导能力的发展等。这些效果使得教育的短期效应和长期效应得以统一，为学生终身体育锻炼和身心健康奠定了良好的基础。

体育教学俱乐部的运作方式鼓励学生积极参与和主导，增强了他们的自主学习能力和团队合作能力。通过学生参与组织和管理活动，他们可以学习到组织协调、沟通合作、解决问题等实际技能，同时也提升了他们的责任心和领导能力。这种学生主体的教学模式，不仅能够提高学生的学习效果，还培养了他们的综合素质和社会能力，为他们未来的学习和生活奠定了良好的基础。

6. 课内外一体化，拓展体育时空

体育教学俱乐部模式确实是一种有效的方式，可以实现体育课程的目标，并培养学生对体育的兴趣和意识。在体育教学俱乐部中，学生不仅能够在课堂上学习理论知识和运动技能，还能将所学知识应用于课外实践中。在教师、体育专业高年级学生或体育骨干的指导下，学生可以通过参与俱乐部组织的各种锻炼和校内外竞赛活动来提高运动技能，培养锻炼习惯，获得体育运动的乐趣。

通过体育教学俱乐部模式，课内学习和课外实践得以有机结合，实现了体育课程的一体化。学生可以在俱乐部中不断拓展体育时空，享受体育运动的乐趣，并形成热爱体育、参与体育、享受体育的校园体育文化。这种模式不仅使学生在体育方面获得全面的发展，还促进了学生的身心健康，培养了团队合作精神和领导能力，提高了学生的综合素质。

体育教学俱乐部模式不仅关注学生的运动技能和身体素质的提升，还重视学生的兴趣培养和体育意识的增强。通过丰富多样的活动形式和竞赛机会，学生能够更好地体验到体育运动的乐趣，并培养起持久的兴趣和热爱。同时，体育教学俱乐部也为学生提供了一个展示自己才华和技能的平台，增强了他们的自信心和自尊心。

总而言之，体育教学俱乐部模式通过将课内学习与课外实践相结合，以学生的兴趣爱好为出发点，全面促进学生体育素养的发展，形成积极向上的校园体育文化。这种模式使体育教育更加具有吸引力和实效性，对学生的身心健康和全面发展起到积极的推动作用。

二、高校体育教学俱乐部教学内容组织的原则

（一）学科要求原则

教学内容应符合体育学科的要求和课程标准，涵盖必要的理论知识和运动技能。教学内容应与体育专业知识体系相匹配，确保学生获得系统和全面的体育教育。

（二）需求导向原则

教学内容应以学生的需求为导向，考虑到学生的兴趣、爱好和发展需求。内容组织应满足学生的个体差异，充分激发学生的学习兴趣和积极性。

（三）渐进式原则

教学内容的组织应从易到难、由浅入深、由简单到复杂，逐步引导学生掌

握基本的理论知识和运动技能，逐步提升学生的学习水平和能力。

（四）综合性原则

教学内容应综合运用不同的学科知识和技能，涉及体育的多个方面，如体育科学、运动训练、运动生理学、运动心理学等，通过综合性的内容组织，促进学生全面发展。

（五）实践导向原则

教学内容应注重实践性和应用性，使学生能够将所学的理论知识和运动技能应用于实际情境中，提高他们解决问题和应对挑战的能力。

（六）创新性原则

教学内容组织应鼓励学生的创新思维和创造性实践，培养学生的创新能力和创业精神。内容组织可以包括创新型的运动项目、活动设计和竞赛形式，激发学生的创造力和想象力。

（七）教育价值原则

教学内容组织应注重培养学生的健康意识、体育精神和团队合作精神，倡导积极的体育文化和价值观，通过体育教学俱乐部的教学内容组织，培养学生的社会责任感和促进学生全面发展。

这些原则可以指导高校体育教学俱乐部在教学内容组织上的安排和设计，确保教学活动的质量和效果，促进学生在体育教育中得到全面发展。

第二节　体育拓展俱乐部的构建与运行模式

一、高校体育拓展俱乐部建立的必要性与可行性分析

（一）必要性分析

随着素质教育、健康教育、人本教育理念被人们所倡导，各个高校体育课堂开始逐步引入新兴的、时尚的体育运动，体育拓展运动借此契机被引入体育

课堂。它以体育学、心理学、管理学等学科为载体，针对高校当前的教学条件和学生的身心特征，增强学生的身体素质，提升学生的心理健康水平，强化学生的社会适应能力和创新思维能力。体育拓展运动被引入高校并建立了一套可行的教学模式对高校体育建设极具积极的影响力。

1. 顺应了现代教育理念

长期以来，我国教育系统普遍存在应试教育的倾向，过于注重学生的学科知识学习和考试成绩，而忽视了学生的身心健康和全面发展。这种倾向在高校教育中也存在，并且在体育教学中也可以看到一些应试教育的影子，过于侧重传授体育运动技能，而忽视了学生全面素质的培养。

随着素质教育理念的提出和推广，高校开始意识到培养学生身心健康和全面素质的重要性。为了弥补传统体育教学的不足，一些高校引入了体育拓展运动，并建立了体育拓展俱乐部。这些拓展运动，如空中单杠、速降等，具有挑战性和严峻性，能够激发学生积极进取和顽强拼搏的精神，培养学生良好的心理素质和情操。

高校体育教学俱乐部以拓展运动为主要内容，更加注重学生身心素质的培养，充分发挥学生的主动性和创造性。通过参与俱乐部的活动，学生可以锻炼身体、挑战自我，培养团队合作精神和领导能力，提高心理素质和情感态度。体育拓展俱乐部的设置，为大学生的素质教育提供了重要的机会和平台，使学生在大学教育环境中得到全面发展，实现身心健康和全面素质的培养。

这样的教学形式和教育理念为高校体育教育带来了新的发展方向，强调了学生全面素质的培养，提升了学生的身心健康水平，也丰富了高校体育课堂的内容和教学方法。它不仅是对传统体育教育的补充和完善，也是实现大学生素质教育的重要手段。

2. 体现了大学生体育价值观

当代大学生的体育价值观已经超越了简单的强身健体和促进德智发展的层面，更加注重培养学生的社会能力、竞争意识和良好人生态度等。高校体育拓展俱乐部的建立正是为了满足当代大学生对多样化体育活动的需求，以及培养他们全面发展的价值观。

高校体育拓展俱乐部通过丰富多彩的拓展运动和灵活多样的模式，为大学生提供了一个全新的体育学习和锻炼的平台。这些俱乐部不仅注重身体素质的培养，还注重培养学生的社会能力、团队合作精神、领导能力和竞争意识。通过参与各种体育拓展活动，学生可以锻炼自己的身体和意志，培养自信心和毅力，同时也能够与他人合作、交流和竞争，提高社交能力和团队合作意识。

高校体育拓展俱乐部还融合了趣味性和人文资源，通过丰富多样的活动形式和体验，使学生能够在参与体育活动的过程中获得乐趣和人文体验。这样的教学模式打破了传统教学中教师讲授为主的局面，给大学生带来了全新的体验和学习方式。学生在体验和探索中能够更好地接受新事物和新理念，从而促进个人发展和成长。

因此，高校体育拓展俱乐部的建立与当代大学生的体育价值观相契合，为大学生提供了多元化、有趣的体育学习和锻炼机会，丰富了大学生的体育价值观，满足了他们对新事物和新理念的追求，同时也促进了他们的个人成长和发展。

3. 使拓展训练融入高校体育教学体系

高校体育教学目标包括心理目标和社会适应能力目标，旨在通过体育活动培养学生的意志品质、心理素质和社会适应能力。体育拓展运动的最终目标也是通过开展富有挑战性和趣味性的活动来提升学生的综合素养，促进他们的个人成长和发展。

高校体育教学建立体育拓展运动俱乐部，以体验为导向，倡导以人为本的教学理念。这符合当代高校体育教学的发展趋势，也与体育拓展运动的指导理念相吻合。体育拓展运动通过富有思想性、挑战性和趣味性的新项目，让大学生亲身参与并经历一系列的考验和挑战。这样的体验可以帮助学生认识自我、发现潜能，同时也促使他们完善自我，提升综合素质。

通过体育拓展运动，学生可以在富有挑战性和有趣味的环境中锻炼意志，培养自信心、毅力和团队合作精神。这对于提升学生的心理素质和社会适应能力非常重要。同时，体育拓展运动也鼓励学生充分发挥个人的主动性和创造性，培养他们的领导能力和解决问题的能力。通过这种参与式的学习和体验，学生能够更全面地发展自己，提升个人素质和能力。

因此，高校体育教学的发展目标与体育拓展运动的目标是相辅相成的，都致力于培养学生的意志品质、心理素质和社会适应能力。体育拓展运动通过其独特的活动形式和教学理念，为高校体育教学提供了新的教学模式和实践途径，有助于实现高校体育教学的发展目标。

（二）可行性分析

1. 高校为建立俱乐部积累了丰富的经验

为了丰富大学生的业余文化生活，大学一般都建有社团或大学体育俱乐部。例如，广西师范大学建立了舞蹈社、武术协会、跆拳道协会、羽毛球协会、电子竞技社、书画协会、漓原文学社、环境保护协会、英语协会、创业协会、摄影协会等21个协会。广西桂林的其他几所高校大致相同，如广西医科大、桂林电子科技大学等，都建立了自己的社团。这些学校的社团经常举行交流活动。体育社团是大学体育俱乐部的缩影，它们同样是大学生体育爱好者基于生理、心理、社会和自我完善的需要，自觉自愿、自由结合并担负一定权利和义务的学生体育团体，具有大学俱乐部的基本特征。随着大学体育教育的改革，目前，很多大学更加注重大学体育俱乐部的形式，开展了体育俱乐部制的教学活动，深圳、上海、浙江、江苏有很多大学已经进行了俱乐部制体育教学，广西大学、湖南大学、湘潭大学都在尝试。大学社团和体育俱乐部的建立和健康发展，给高校体育拓展俱乐部在成功经验、建立模式、管理流程、参照经营等方面提供了范式。高校建立体育拓展俱乐部的关键是学校的重视，这会为它的引入提供一定的空间。

建立大学体育俱乐部本身也是世界大学未来发展的总体趋势。现在，我国教育的主要任务是，贯彻落实第三次全国教育工作会议精神及《面向21世纪教育振兴行动计划》纲要，要坚持"以人为本、健康第一"的教育思想，认真贯彻党的教育方针，贯彻"面向世界、面向未来、面向现代化"的原则，满足德、智、体、美、劳全面发展的高素质人才的需要，教育、指导广大在校大学生科学锻炼身体，增强身体与心理健康，不断提高健康水平，同时满足大学生健身健美、休闲娱乐、保健医疗及终身体育等方面的需求。[①]在我国高校传统的公共体育教学中，教学内容繁多、单调、乏味，学生对体育课的兴趣不高，远不能满足大学生的需求，因此改革势在必行。大学俱乐部以及大学俱乐部制教学，充分体现因人而异、因材施教的教育理念，实现了分层次开展体育教学活动的目标。同时，注重学生爱好的广泛性以及主体选择性，满足学生个体发展需要，激发学生锻炼与学习的积极性，通过直接参与俱乐部辅导、组织、经营、管理，使学生的能力得到锻炼，一定程度上提高了学生的综合素质及社会适应能力。大学体育俱乐部还使学校体育工作的开展与管理更科学、规范，符合新时期我国普通高校公共体育管理与教学改革的方向。高校建立丰富多彩的社团是一种很好的尝试，进一步建立大学体育俱乐部必是一种更好的尝试。

近年来，为适应这种变化，许多大学体育俱乐部更名为"体育运动娱乐部"，鲜明地表现出体育俱乐部的归宿。我国体育发展的程度与美国还有很大距离，但俱乐部的理念值得借鉴。开展体育拓展运动，建立高校体育拓展俱乐部，是十分有效的方式，符合时代发展潮流。

2. 体育拓展运动适合大学人群，操作性强

拓展运动通过设计各种游戏活动，在特定的情境下激发和调动了学生的潜能，通过体验和感知场景，完善和提高自己。这种活动注重团队合作和分享，强调参与者之间的协作精神和快乐精神。

在体育拓展运动中，有一些简单易学的游戏项目，如坐地起身、连环手、代号接龙等，它们主要强调团队理念和分享。一些考验意志的拓展运动，如攀岩、天梯、野外穿越等，则需要更强的身体素质和更高的技能水平。然而，大学生体育拓展俱乐部开展的项目通常不要求过高的体力水平，更重要的是身心投入、体验和感知场景、提高应变能力，并在游戏中展现协作精神和快乐精

[①] 王远、张志国、张浩、张玉林、王（王雷）、苗旭峰：《浅谈以人为本 健康第一 深化体育教学改革》，《河北医科大学学报》，2005年第6期，第631–632页。

神。因此，许多项目是男女学生一起完成的，重点在于团队合作和共同享受游戏的乐趣。

在学习模式方面，体育拓展运动的学习模式相对简单。它不强调高技巧性和高难度动作，不像篮球和排球运动那样要求灵活地跑动、迅速地反应和细分的技术动作。体育拓展运动的学习模式更注重体验式学习，学习过程可以分为经历、解释、归纳、应用和再经历等阶段，同时也需要注意反思、判断和测试，形成一个循环的学习过程。在这个过程中，学生首先通过经历来体验，然后彼此分享并进行归纳和判断。分享和总结是非常重要的环节，通过分享和总结，学生可以加深对活动的理解和体验。

总之，体育拓展运动通过丰富多样的游戏活动和简单的学习模式，能够培养学生的团队合作意识、应变能力和快乐精神。它不仅注重个体的发展，也注重团队的合作和分享，有助于学生全面发展和提高综合素质。

3. 高校具有创建体育拓展俱乐部的能力

体育拓展运动的特点是以户外自然环境为主，以体能活动为导引，注重心理挑战和极限要求，旨在完善人格和提升综合素质。随着拓展理念的多样化，室内场景的拓展运动逐渐兴起，它更加注重个体的发展和潜能的挖掘。拓展运动因其时尚的运动风格和多样的形式，受到追求时尚和有经济能力的年轻人的喜爱。

高校开展体育拓展运动，可以实现大学生自我管理能力的培养。大多数高校校园开阔，环境优美，适合设置一些小场景进行情境拓展运动，传播拓展理念。体育拓展运动的主要目的不在于培养人的体能，而是实现人的精神价值和理念的提升。拓展运动培训以体能活动为导引，培养大学生的素质。与其他课程不同，它没有明确的评分标准，强调学生通过训练提高身心素质，而不是通过具体成绩来衡量。因此，即使开设了体育拓展课程，评判学生的方式也更多地采用证书而非成绩单。大学生是优秀的团队，可以让体育拓展精神理念由自发变成自觉。

高校体育拓展俱乐部在师资方面具有独特的优势。高校的体育教师都是经过专业培训的优秀体育人才，拥有系统的体育基础知识和扎实的基本条件。高校教师结构多样，包括知识渊博的教授、年富力强的讲师以及年轻的助教，形成了人才梯队。大多数高校教师不仅拥有良好的体育专业素质和身体素质，还具备教育学、心理学、社会学等学科知识，同时具备爱心和责任心，具有亲和力。他们能够将各科知识综合起来，指导学生参加拓展运动，促进学生各项素质的发展，并开展体育拓展科研活动。

4. 拓展运动的场地和设备要求不高，可灵活采用

在组织体育拓展运动方面，学校可能会面临一些困难和障碍，如项目内容设计、组织管理、师资培训以及拓展运动自身的局限性等。然而，关键在于高校领导的重视和大胆尝试。只有高校领导真正关心、支持、引导和建立体育拓展俱乐部，才能有效地促进学生全面发展。同时，可以借鉴国内外一些大学的成功经验，从简单开始，有选择、有计划、有步骤地建立体育拓展俱乐部，逐步积累经验。

大多数高校在体育设施建设方面具有优势，拥有体育馆、乒乓球馆、塑胶田径场等设施和丰富的体育器材，为体育拓展俱乐部的组建提供了必要条件。拓展训练的场地和器材可以简单而经济地设立，许多器材可以自制，场地可以充分利用学校的边角地带。对于一些具体项目，设施建设和维护费用也较低，可以通过自制器材满足需求。体育拓展运动倡导回归自然，充分利用大自然，使人们的身心得到愉悦和感悟。目前，各高校建设优美，人们完全有条件在校园中开展体育拓展运动，摆脱传统体育场地的限制。

总之，高校体育拓展俱乐部的建设需要领导的高度重视和大胆尝试，同时要善于借鉴成功经验，充分利用校园的优美环境和现有资源，以推动学生全面发展和促进体育拓展运动发展。

二、高校体育拓展俱乐部建立的先决条件

（一）营造拓展运动的氛围

在建立拓展俱乐部之前，可以组织学生参观学习一些拓展机构，以了解和

学习拓展运动的实践经验。学校和学生可以通过双重付费方式参加拓展培训，同时选择一名教师作为负责人进行初次培训。如果需要，还可以派遣一名文职人员负责拓展培训资料的管理和流程学习。一些高校已经开展了拓展运动，可以向这些高校学习经验。这样的学习活动也为拓展机构提供了展示自身的机会。同时，学校和拓展机构可以联谊，进行宣传推广和举办简易的拓展培训活动，从而增加学生对拓展运动的认知和兴趣。通过良好的宣传和积极的氛围营造，学校可以为开展体育拓展运动奠定良好的基础，并增强建立拓展俱乐部的动力。

当代大学生喜欢追求时尚，体育拓展运动比较容易引起他们的共鸣。因此，初始阶段进行良好的宣传，营造积极的氛围，对于学校开展体育拓展运动非常重要。这将为建立体育拓展俱乐部提供良好的基础，增强推动力。

（二）进行场地和设施的基本准备

开展体育拓展运动需要有适合的场地和设施作为基础。由于拓展运动项目的设计和开发程度不同，选择的场地和设施也会有所差异。

如果想以简洁的方式开展体育拓展运动，可以考虑组建一个体育拓展社团，以小规模的形式进行活动。场地可以是固定的水泥场地，项目主要是沟通类和简单的团队项目，设施主要是室内拓展运动设备。这样可以在有限的条件下引进拓展理念并进行基本的拓展训练。

由于体育拓展运动对大学生的心理培育和素质培养具有重要作用，如果要将其作为一个大的事业来发展，就需要更好地规划和安排场地和设施。大学校园通常有开阔、优美的环境，可以在校园的公园或小山上建立体育拓展运动场地，遵循开放、平和、自然、绿色的原则。在设备方面，可以购进一些基本的体育拓展设备，如毕业墙、高空单杠、断桥、生死电网、巨人梯、天使之手等常见的拓展项目设备。这些设备主要是钢脚架，造价一般与一个篮球架相当，对于草皮的维护可能需要额外的费用。

设备的购置并不是难题，更重要的是拥有建立体育拓展俱乐部的心理准备、积极心态和对拓展运动的热情。在建立体育拓展俱乐部时，学校要善于利用校内外已有的资源来支持拓展训练。对于校区较小的学校，可以充分利用学校周边的资源，如公园、广场等场地。至于水上项目，除了一些学校拥有天然的河流之外，大学的游泳池也可以作为一个很好的培训场地。此外，在训练器材的选择上，除了必须购买的设备外，还可以与校内的自然资源进行合理组合，以达到开展体育拓展运动的目的。

（三）开展体育拓展师资培训

拓展运动确实可以在思想政治与道德修养、运动技能培养、创新能力培养、团队精神培养、社会实践与志愿服务、社会工作与社团活动六个方面对大学生进行有目的、有针对性的引导和培养。这些方面反映了大学生综合素质发展的水平，也是评价大学生综合素质的重要依据。拓展运动的理念以培养大学生思想政治素质为中心，同时带动其他素质的拓展。

经过拓展训练，学生可以发展出较高的体育文化素养和人文知识底蕴，培养对新技术和新观念的跟踪和鉴别能力，养成创新意识和思维习惯，提高处理人际关系和社交心态的能力，提升组织管理和协调应变能力，以及发展关心他人、服务社会的能力。在大学生的素质拓展方面，这些都显得非常紧迫和切实。

为了推动体育拓展运动，学校应该选择那些有责任心、爱心、热爱体育教学、认同体育拓展理念的教师参加拓展机构的深造，打造一个良好的拓展培训指导队伍和中坚骨干。虽然大部分高等院校的体育教师可能没有拓展训练的经验，对拓展训练了解有限，但拓展运动是相对容易理解的运动，对技能、技巧和战术的要求并不是很高。

体育教师可以先掌握拓展训练的基本理论知识，再通过相关资料的学习了解拓展训练的主要目的和内涵，然后到拓展机构进行实地学习和考察，了解拓展训练的项目内容、训练过程和组织方法。在初步了解拓展训练后，体育教师应根据高校学生的特点有针对性地将拓展训练与高校体育教学有机结合起来。掌握了这些知识后，体育教师就能够参与和指导体育拓展运动了，并在体育拓展俱乐部中发挥支柱作用。

三、建立体育拓展俱乐部的项目设计原则与构建方式

（一）高校体育拓展俱乐部的项目设计原则

建立体育拓展俱乐部的项目设计是一个中心问题，体育拓展项目有室内、水上以及野外拓展等几十种。作为高校，单纯开展一项拓展运动是不切实际的，也显得不必要。高校受众多，对拓展运动要求的难度指数有差别，必须有针对性地、很高效地开展一些实用性强的拓展运动项目，同时还要因地制宜。对于项目的设计，应充分与学校的教学机构、师资配备、课程内容设计、硬件配置和基本管理模式等一致。

1. 讲求项目设计的实用性

在校学生和已经在社会上工作多年的人在心理和生理方面存在差异，因此，在开展拓展训练时，学校需要考虑当代学生的心理和生理特点，有针对性地将社会拓展训练俱乐部的内容移植到学校中。

针对学生的心理特点，根据他们的性格、社会活动经验和个人能力，学校可以安排不同的个人挑战课程和团队协作课程。如引进拓展公司提供的沟通课程、激励课程、团队课程、创新课程、解压课程等，并根据实际情况选择1—2项。特别是团队课程，可以多引进，因为团队合作对于学生的培养非常重要。

在设置拓展运动项目时，应简化和改良一些项目，注重实用性，将适合在高校开展的项目引入体育教学中。同时，根据各学校的特点，可以设立具有本校特色的拓展训练项目，体现学校的个性和优势。

有针对性地设置拓展训练内容和项目，可以让学校更好地适应学生的心理和生理特点，提高他们的参与度和体验感，从而获得更好的教学效果。

2. 讲求项目设计的互补性与结合性

不同学科的学生因其专业性质和培养目标的差异，对拓展训练的要求和重点也会有所不同。在设计拓展训练项目时，学校可以根据不同学科学生的特点和需求，进行专业环境分析，以针对性地培养他们所需的能力和素质。

举例来说，对于社会科学专业的学生，可以注重培养他们的领导和组织管理能力，因为他们未来可能会从事管理和决策等方面的工作。因此，可以设计

一些团队项目，让学生扮演领导者的角色，负责组织和协调团队成员的工作。

对于自然科学专业的学生，可以注重培养他们的协调合作能力，因为他们通常需要在实验室或团队中进行合作研究。因此，可以设计一些需要团队密切合作的项目，让学生学会协调团队成员、解决问题和取得共同成果。

还可以结合学科专业特点，设计与之相关的拓展训练项目。比如，在工程类专业中，可以设置一些强调创新和工程解决方案的项目，而在艺术类专业中可以设置一些强调创意和表现力的项目。

学校针对不同学科的学生进行专业环境分析，并在拓展训练项目中有针对性地培养他们所需的能力和素质，可以更好地满足学生的培养需求，提升他们的综合能力和专业素养。

3. 讲求设计项目的共同性

尽管不同学科的学生有着差异性，但在开展体育拓展运动时，也需要关注共同性，以确保全体学生能够积极参与并获得共同的收益。

在项目设计方面，确保学生的认同感和参与度是至关重要的。项目应当追求趣味性和挑战性，激发学生的兴趣和动力，同时注重团队合作和互助精神的培养。在这个基础上，学校可以根据实际情况和资源，选择适合开展的户外项目，如信任背摔、电网、空中漫步、空中单杠、胜利逃亡、合作过桥、巨人梯等。

项目设计的关键是将贵族化的拓展训练普及化，确保项目的投入成本低，易于操作，并且能够满足学生的培养需求。根据学校的具体情况和学生的特点，学校可选择一些经典项目进行培训，同时注重心理拓展培训，使学生能够通过拓展训练学会学习、学会生存和学会做人。这样一方面可以降低企业管理培训费用，另一方面也可以节约学生在食宿、交通等方面的费用，使拓展训练更加实用和可行。

总之，项目设计要考虑到学生的特点和需求，确保趣味性、挑战性和共同性。通过灵活选择合适的项目和培训内容，结合自身资源和实际情况，学校可以开展具有普适性和实用性的高校体育拓展运动，为学生的全面发展提供有益的支持。

4. 讲求设计项目的全面性

从拓展运动的作用和目标来看，我们可以将项目内容划分为基本素质训练和综合素质训练。基本素质训练主要注重个体的自我挑战能力和团队精神的培养，通常以户外场地为主，包括野外和水上项目。综合素质训练则更加注重团队意识、沟通能力、协调能力、管理和组织能力的培养，结合室内和野外环境，通过模拟情境和体验性模式进行。

在项目设计中，需要有机融合基本素质和综合素质的训练内容，避免偏重某一方面。拓展项目应该涵盖个体和团体、室内和户外、水上和山地、平地和高空等多种元素。项目设计应综合考虑多个方面，避免单一性，以确保学员能够有多种体验和互相分享。

项目的全面性还需要体现在趣味性、游戏性、有效性和教育性的统一上。设计项目时，学校可以巧妙地设置情境，利用情境开展体育拓展运动，通过拓展训练的内容和手段改进原先单一、枯燥的体育运动形式，使体育运动更加生动和有魅力。

综上所述，项目设计应综合考虑基本素质和综合素质的训练目标，兼顾趣味性、游戏性、有效性和教育性，通过多样化的项目设置和巧妙的情境营造，使体育拓展运动更具吸引力和丰富性，从而更好地促进学生全面发展。

5. 讲求项目设计的不断创新

现在，各大拓展培训机构的项目丰富多彩，学校要学习和引进，并结合自身特点，不断创新。具体可以参考以下原则。

（1）创设合作情境

拓展训练多以集体形式进行，人际关系呈群体多向性。这种群体多向性的人际交往和互动，有利于培养良好的人际沟通能力。因此，拓展训练内容要对训练者提出相互协作、共同完成动作的要求，创设合作练习的情境，有效提高练习的合作度。例如，要求全组学生相互配合，用自身或器材组成某种图形，在特定的约束下共同通过一段距离等。

(2) 增加情境暗示

有些拓展训练只要增加一些情境暗示,就会使训练者充满兴趣或产生某种新奇感,从而使训练更为惊险刺激。例如,进行攀天梯或互助攀岩以及在平梯上进行悬垂行进等内容的训练时,教师应暗示训练对象:你们现在是在通过万丈深渊,一旦失手就会粉身碎骨。此时,训练对象的心情就会大不一样,训练所具有的心理负荷会有所提高。

(3) 训练内容应具有非常规性

非常规性动作就是不符合人们日常动作习惯的动作,如手倒立等。非常规的身体练习会使训练对象产生恐惧、刺激的感觉,从而对训练对象的勇敢精神和自信心培养产生影响。例如,在单杠上做"挂膝倒悬垂""跪撑",在跳箱上做"跪跳起向前跳下"以及"向后背摔"等。需要注意的是,非常规的动作并不一定难度很大,向后背摔一点儿也不难,却能引起练习者强烈的担心和疑虑,产生较好的促进心理发展的作用。

(4) 变换训练形式

人们总是容易对新鲜事物产生探求的欲望。兴趣可以使练习者注意力集中,情绪高涨,产生愉悦的心情。例如,队列队形练习中的队形、跑步路线、徒手操动作、练习器械特征、游戏的规则等,都可以有所变化。变化可以出新,出新才有魅力,一成不变的训练是不会让训练对象有兴致的。

(二) 高校体育拓展俱乐部的构建方式

1. 社团式体育拓展俱乐部

社团式体育拓展俱乐部将体育拓展作为活动的一项内容,通过组织学生自愿参与团队活动,达到培养团队精神、提高综合素质的目标。这种俱乐部以自主自律、自我管理和自我发展为管理方式,通过定期的拓展活动来增强社团的凝聚力,以及培养社团活动骨干的组织和管理能力。

不过,社团式体育拓展俱乐部存在一些局限性。例如,内部管理相对松散,缺乏规章制度和监督管理制度,活动内容和时间受限等。为了更好地发挥社团式体育拓展俱乐部的作用,高校可以考虑建立一套完善的规章制度,制订活动计划和方案,加强指导教师的专业培训和指导力度,以及与学校其他活动的协调安排。

此外,俱乐部的成绩评定也是需要关注的问题。将课外体育活动的参与与体育课成绩挂钩,可以激发学生参与体育俱乐部的积极性,进一步促进学生的全面发展。

总的来说,社团式体育拓展俱乐部通过组织团队活动,培养团队精神和综合素质,对于学生的发展和校园文化的丰富起着重要作用。在发展过程中,学校可以通过建设规章制度、改进教师培训和成绩评定方式等进一步提高俱乐部的管理和运作效果。

2. 综合性体育拓展俱乐部

综合性体育拓展俱乐部是一种更为齐全、有序和完善的形式。它将体育课和体育活动延伸到课外,实现了课内外一体化的俱乐部模式。学校开设专项体育俱乐部,让学生可以根据自身兴趣和能力自由选择参与的俱乐部,并跨年级、跨系别进行课程学习。这种形式的俱乐部,不仅能够培养学生的体育技能,还能促进学生团队意识、沟通能力、组织管理能力等综合素质的发展。

综合性体育拓展俱乐部的特点在于开放式管理,强调学生的主体地位,实现了教学、课外体育活动和业余训练的有机结合,促使学生在选择项目、选择教师、选择时间和地点等方面拥有更多自主权。同时,俱乐部开展的活动形式多样,包括小集体活动、竞赛活动、体育知识讲座、运动观摩和社会活动等,为学生提供了丰富的体育拓展和发展才华的机会。

对于指导教师来说,综合性体育拓展俱乐部的建立提出了更高的要求。指导教师不仅需要熟悉体育拓展运动项目,还需要对运动项目的理论基础、训练方法、规则裁判法以及竞赛要求有充分的认识。此外,指导教师还需要进行体育拓展课程理念的教育,培养学生对体育拓展理念的理解和认同,将其作为一种文化课程来开展。

总的来说,综合性体育拓展俱乐部是一种成熟和完善的模式,它能够更好地促进学生的体育拓展和综合素质的培养。在建立和发展过程中,学校需要加强对理论和拓展项目的重视,为学生提供更多的选择和自主权,以激发学生的积极性和参与度。

3. 联姻式体育拓展俱乐部

体育拓展机构进驻校园并与多所高校联合建立拓展训练基地是一个很好的方案。通过与专业的拓展机构合作,学校可以充分利用其丰富的经验和资源,提供更专业的拓展训练服务,并建立高校体育拓展俱乐部。同时,多所高校联合建立拓展训练基地,可以解决场地资源不足的问题,并提高训练场地的使用效率。

这种合作模式不仅可以为学生提供更广阔的体育拓展空间和优质的训练设施,还能够促进高校之间的交流与竞争,丰富校园体育文化,提升整体水平。同时,与社会体育俱乐部的融合,也可以促进高校体育俱乐部的社会化发展,吸引更多社会群众参与其中,为高校体育俱乐部经济和社会影响力的扩大提供支持。

在选择建立拓展训练基地时,考虑到校园空地有限的情况,选择城市周边比较开阔的地方是一个不错的选择。充分利用自然地形和地貌可以为拓展训练提供更多元和丰富的场地条件。此外,交通便利程度也是一个重要考虑因素,方便学生到达训练基地,提高参与度和便捷性。

综合来说,通过与拓展机构合作和多所高校联合建立拓展训练基地,学校可以为学生提供更好的拓展训练环境和服务,促进高校体育拓展俱乐部的发展,实现学校与社会的双赢。

(三)高校体育拓展俱乐部构建后的工作

高校体育拓展俱乐部的构建不仅是体系框架的搭建,还需要后续的工作支撑。只有做好后续工作,才能确保高校体育拓展俱乐部的正常运转。下面,我们将对高校体育拓展俱乐部构建的主要后续工作进行介绍。

1. 机构设置

体育拓展训练作为一门综合性的教育课程,需要综合运用体育教学、心理教学和学生管理等多个领域的知识和技能。通过设立专门的拓展训练管理机构和体育拓展教研室，学校可以加强对体育拓展训练的管理和教学领导，提高整体教学质量。

拓展教研室可以承担以下职责。

第一，制定和完善体育拓展训练的教学大纲、教学计划和教学标准，确保教学内容和方法的科学性与系统性。

第二，开展体育拓展训练教师的培训和研修，提高教师的教学水平和专业素养。

第三，研究和推广体育拓展训练的新理论和实践成果，促进学科的发展和创新。

第四，进行体育拓展训练的教学评估和质量监控，及时反馈和改进教学工作。

第五，开展科研项目和教育科研成果的转化，促进学科的发展和推广。

拓展教研室与体育教学部门之间的相互独立和相互制约，可以实现专业分工和协同发展。拓展教研室负责体育拓展训练的专业管理和教学指导，而体育教学部门负责其他体育课程的教学工作，二者的密切合作和协调可以提高整体的教学水平和效果。

综合来说，建立专门的体育拓展教研室是完善体育拓展训练管理体系的重要举措。通过专业化的管理和教学指导，学校可以提高体育拓展训练的教学质量，使其成为对大学生全面素质发展有深远影响的教育课程。

2. 师资再培训

随着全国拓展运动体系的不断完善，我国已经建立起对培训人员进行培训的专业机构，可以有针对性地对有关专业人才进行培训。高校一旦建立体育拓展俱乐部，就有必要对指导教师进行常年培训、跟踪培育，让拓展知识结构常学常新，建立全校良好的拓展训练课程师资培养体系，使学校的拓展理念紧跟全国潮流，甚至有必要让指导教师获得拓展培训师职业执照后才能上岗，并专门对他们进行职业技术测试。体育拓展师资的完善体系，才是影响拓展运动发展的关键因素。高校资源与社会力量结合进行师资培养，一方面是发挥高校的教育作用，也为社会拓展训练提供师资保障；另一方面，为高校体育专业学生的就业指明了方向。

3. 进行安全管理

很多拓展运动项目带有一定的危险性，特别是高空项目，因此拓展训练中必须高度重视安全问题。首先，必要的安全保护器材不能缺少；其次，项目设计要考虑其危险因素；最后，开展运动前一定要进行安全教育，讲清注意事项，讲清实施方法以及安全防范知识，进行必要的安全检查。训练中，要严格监督和管理，对有关安全问题要有周密安排和善后处理。要组织合理，按要求操作，及时消除安全隐患，杜绝不安全行为，控制不安全因素，使项目顺利开展。这样就具备一定的安全保障，使活动既富有挑战性又有很高的安全系数，力求在充满趣味与安全和谐的活动中培养学生的协作精神，激发个人潜能。

4. 优化评价和促进方式

为了确保体育拓展俱乐部的实施效果，学校必然要有相应完善的评价体系。评价是人类所特有的认识活动，其实质在于促使人类实践活动日趋完善，从而更加符合事物发展的客观规律。评价应该结合俱乐部的目标进行。它改变了传统班级教学中体育教师开展的终结性评价，以兴趣为基础，以竞赛为动力，强调学生参与体育的过程以及在学习和竞赛中的乐趣，建立灵活的考评机制。体育评价的标准不再是单一的技能和体力，而是以大学生体质健康测试为参考，重视学生体育参与兴趣和习惯，对学生的健康体育观、终身体育观和特长技术进行综合评价。拓展运动课程只是培养素质的一种方式，它不像其他课程有一个明确的评分标准。从评价角度说，拓展训练课程更加重视对心理方面的评价，它强调通过训练发生的素质变化，使学生能更客观、更全面地了解自己的气质类型、性格特征、情绪倾向、认识和行动风格及其变化，从而选择正确的发展方向。评价内容不应局限于拓展训练的理论性知识、操作性知识等认知领域，还应包括学习态度与行为、认知情况、社会适应能力、心理素质等方面，从整体出发，以全方位的视角评价学生的综合素质，全面反映学生的学习状况和身心发展情况。对于体育拓展俱乐部的会员，可根据其出勤和表现情况，采用证书方式，评出一些优秀学员。对于特别优异者，应让他们参加指导学校组织的拓展培训活动，提高他们多方面的能力，让他们的拓展理念有实现的平台。当然，也可以将他们派送到专门机构学习深造，获取体育拓展培训师资格证，使他们的拓展能力得到社会的认可。

参考文献

［1］ 曹丹.体育健康与体育教育学研究［M］.天津：天津科学技术出版社，2018.

［2］ 陈轩昂.新时期高校体育教学的改革与发展［M］.北京：航空工业出版社，2019.

［3］ 党辉.高校公共体育课程教学发展与审视［M］.长春：吉林大学出版社，2019.

［4］ 董晓雪.素质教育理念下高校体育教学课程体系的建设与发展研究［M］.北京：中国农业出版社，2022.

［5］ 方武.课程思政与高校体育课堂教学的融合研究［M］.北京：中国纺织出版社，2022.

［6］ 韩中.高校体育教学体系建设研究［M］.北京：北京工业大学出版社，2019.

［7］ 郝英.高校体育教学俱乐部的组织与设计［M］.北京：九州出版社，2019.

［8］ 胡海涛.体育舞蹈课程建设与综合技能培养研究［M］.北京：中国书籍出版社，2022.

［9］ 胡建文.信息技术与高效体育教学模式融合研究［M］.长春：吉林出版集团股份有限公司，2021.

［10］ 黄中伟，袁超，何福洋.高校体育文化理论与实践研究［M］.长春：吉林出版集团股份有限公司，2022.

［11］ 黄麒，张广俊，刘亮.大学体育新教程［M］.苏州：苏州大学出版社，2022.

[12] 李德昌.现代高校体育健康理论与体育保健的科学研究[M].北京：北京工业大学出版社，2021.

[13] 李秀奇，姜文晋，唐晶.新课标下学校体育课程建设与发展研究[M].徐州：中国矿业大学出版社，2018.

[14] 刘丹.高校体育教学创新实践[M].长春：吉林出版集团股份有限公司，2022.

[15] 刘海洋，杨战广，杨少洁.基于有效教学理论的高校体育教学研究[M].北京：中国商业出版社，2022.

[16] 刘汉平，朱从庆.我国高校公共体育课程教学的发展与改革探究[M].长春：吉林人民出版社，2021.

[17] 刘景堂.高校体育教学改革研究[M].北京：中国纺织出版社，2019.

[18] 刘伟.高校体育教育创新理念与实践教学研究[M].北京：九州出版社，2019.

[19] 陆丹华.新形势下高校健美操创新发展研究[M].长春：吉林人民出版社，2020.

[20] 马鹏涛.高校体育教学改革创新与科学化训练研究[M].北京：新华出版社，2018.

[21] 欧枝华.新时期高校体育教学及其课程体系改革研究[M].北京：中国纺织出版社，2020.

[22] 秦纪强.新时代中国高校体育俱乐部制研究[M].合肥：安徽大学出版社，2021.

[23] 孙宝国.高校体育审美教育研究[M].长春：吉林美术出版社，2018.

[24] 田雪文.现代信息技术下高校体育教学改革的审视[M].长春：吉林出版集团股份有限公司，2021.

[25] 万星.高校体育课程教学管理研究[M].哈尔滨：东北林业大学出版社，2018.

[26] 王红.高校体育课程俱乐部模式创设与管理[M].天津：天津科学技术出版社，2022.

［27］王丽丽，许波，李清瑶.教育技术在高校体育教学中的实践探索［M］.长春：吉林人民出版社，2021.

［28］王晓云.新时期高校体育健康课程教学实践优化研究［M］.青岛：中国海洋大学出版社，2019.

［29］王燕.多学科理论下学校体育课程体系的建设与发展研究［M］.北京：中国书籍出版社，2019.

［30］吴广，冯强，冯聪.高校体育管理体制与教学改革研究［M］.北京：研究出版社，2020.

［31］肖洪凡，刘晓蕾.休闲体育课程建构理论与实践研究［M］.石家庄：河北人民出版社，2019.

［32］肖艳丽，臧科运，薛敏.我国体育课程价值取向研究［M］.西安：陕西科学技术出版社，2020.

［33］谢斯."互联网+"时代中国体育院校体育教学成果社会化推广研究［M］.长春：东北师范大学出版社，2020.

［34］徐杰，娄震.课程思政视域下的高校体育教学研究［M］.北京：九州出版社，2021.

［35］杨艳生.体育教学改革与创新实践研究［M］.长春：吉林人民出版社，2021.

［36］岳慧灵.体育课程运动处方教学模式［M］.长春：吉林人民出版社，2020.

［37］曾佳.大学体育教学与管理研究［M］.长春：吉林出版集团股份有限公司，2019.

［38］张艳.高校体育教学与体育竞赛活动研究［M］.北京：北京工业大学出版社，2018.

［39］朱倩，李蓉，毋洪飞.高校体育课程教学指南［M］.北京：中国大地出版社，2018.

［40］左为东.课程思政视角下高校体育教学模式研究［M］.北京：中国纺织出版社，2022.